ROGER-POL COTTEREAU

TU PIGES ?
Quelques petits papiers de presse

JB Dellatana éditeur
www.bod.fr

Œuvres poétiques de Roger Pol Cottereau

- Manège
- L'Attente
- Les Provençales
- Les Sanaryennes
- Octobre
- L'Été jadis
- Poèmes de mes années vingt
- Un jour comme les autres
- Van Gogh et moi
- Peau-Aime, *réservé à un public adulte*
- Sagesse passionnée
- Soleils
- Entre Mer et Collines, *deux volumes d'extraits des éditions parues et d'inédits*
- Les Sanaryennes, *édition revue et complétée*
- Les Sanaryennes, *3e éd. (208 pages)*
- Petits Minous Gros Toutous, *poèmes pour enfants*
- Braises ardentes, *réservé à un public adulte*
- Vibrations Andante, *réservé à un public adulte*
- Fais-moi signe

Distinctions

Prix de l'Académie du Var
Prix Jacques Prévert
Prix du Club des Poètes

Chère lectrice, cher lecteur.
Telles des chandelles inépuisables, les archives veillent sur nos écrits.
Consultant ces endormies, j'ai rassemblé divers de mes articles parus dans la presse ; des tags, des flashes qui me paraissent refléter l'actualité que j'ai vécue d'un siècle l'autre.
Cet assemblage je vous le présente aujourd'hui et maintenant, pourquoi ?
D'abord pour le plaisir du partage, ensuite pour constater, tantôt avec amertume, tantôt avec joie, que si le temps passe en accéléré l'âge venant, si tout change en apparence, le fond des choses et des êtres évolue peu.
Un progrès lent et parfois même rétroactif.
Amer de constater que les questions socio-sociétales piétinent en l'absence de dynamisme politique et de l'indifférence des nantis envers les plus humbles.
Mais joyeux d'être encore des vôtres sur cette paradisiaque planète bleue, en douce France, pour vivre ensemble de nouvelles aventures humaines prolongeant, en chaîne d'union, celles d'hier.
Je pense notamment au combat, en tout lieu à toute heure, contre l'exploitation de l'homme par l'homme.
Joyeux de garder un appétit incessant d'écouter les musiques du monde, fréquenter galeries et librairies, être à l'affût d'un film étranger, de la reprise originale d'une pièce ou d'un ballet, s'enthousiasmer d'un exploit sportif ou de la découverte d'un bon restaurant.
C'est ce sucré-salé du quotidien, quelques instants hors de ma poésie (si peu), que je vous invite à goûter et, je l'espère, à apprécier. ROGER-POL

Dans tout ce qui définit une civilisation, la fréquentation du passé occupe une place importante.
Pourquoi lire des textes d'auteurs inconnus ?
Parce qu'aimer la littérature, le journalisme d'une époque, c'est ne pas s'en tenir aux seuls écrits de quelques personnalités majeures.

(Réflexion inspirée par les propos de Rémi de Fournas, comédien- metteur en scène).

& **ENGAGEMENTS**
Observer, Analyser, Agir

Exposition

FOCUS

Du dernier western de Reagan aux pendentifs de la Shabanou, de la valse polonaise à la conférence de Madrid, des escarmouches présidentielles au million et demi de chômeurs, de cette actualité je n'ai pu tirer un fait dominant.

Cette indécision provient du nivellement des faits et évènements par le bulldozer du superlatif, qu'il s'agisse d'un attentat meurtrier, à la pudeur ou des larmes de la Princesse de Monaco, d'iraniennes ou d'irakiennes devant le cadavre d'un fils tué pour quelques grosses larmes de pétrole.
Une actualité ouragan qui ne laisse derrière elle que jugements d'un libre-arbitre à la dérive.

Dans ces dépressions médiatiques et politiciennes, l'homme doit se mettre vent-debout, à la cape, de manière à réfléchir et trouver la route pour traverser cet atlantique de mots et de maux, faute de quoi il risque de perdre son indépendance intellectuelle et morale
Provincial, je me sens parisien par le pavé mouillé luisant sous les réverbères, par les commerçants de la rue St Antoine et du marché d'Aligre, par les cinémas où repassent "América-América" et "Baby Doll", chefs-d'œuvre d'Elia Kazan, par les cafés-théâtres avec au "Fanal" "le Président" qui a dépassé la millième représentation et montre combien il est utile, pour un prince, d'aller s'exercer aux Puces avec un ami brocanteur.
Parisien aussi par la photo puisque novembre offre un festival de cent photographes, trois mille images en quarante expositions en mairies, musées et galeries. C'est, comme l'a dit un animateur de cette manifestation : "tout ce que le regard humain retient de la réalité ou des rêves".

La réalité et les rêves, voilà les yeux du photographe avec ou sans pellicule extra-sensible, avec ou sans téléobjectif et accessoires nippons.

De Cartier-Bresson au Musée d'Art Moderne à Charles Marville à la bibliothèque historique de la ville de Paris, les villes, les campagnes, les hommes, les animaux, tout ce qui vit, même végétal et minéral dès lors que l'artiste, comme le disait Cézanne, sait "rendre à chaque objet son poids et son volume et ne pas se borner à peindre l'apparence des choses".

Deux photos m'en ont donné confirmation, toutes deux publiées dans le mensuel "Photo" consacré à Paris, capitale de la photo.

⇨

Deux photos d'enfants, l'une de Benoit Gysembergh exposée au Grand Palais, et l'autre de David Burnett. L'une l'enfer, l'autre le paradis.
La première : un enfant de dix ans, presque nu marchant à quatre pattes, une lampe de mineur pendue entre les dents et tirant au bout d'une corde, comme un mulet nain, un lourd bloc de charbon dans la galerie d'une mine en Colombie.

Mains et pieds s'agrippant au sol, regard fixe, c'est l'enfant taupe, frère aujourd'hui de ceux d'Europe au 19ème siècle et début du 20ème qu'on utilisait pour leur "facilité à se glisser dans les filons étroits", s'éclairant à la bougie, avec tous les risques d'accidents qu'entraîne un tel éclairage.

C'est le même poids et le même volume du dedans, la même chair meurtrie, le même sourire disparu, la même rigueur triste et étonnée dans les yeux : c'est l'exploitation de l'homme par l'homme.

L'autre photo, en couleurs (est-ce symbolique ?) nous montre un gamin du même âge.
Blond (les princes et les princesses, les gentils sont presque toujours blonds…) en jeans et knickers, blouson ouvert sur un t-shirt USA. Il se repose et médite, bien assis à l'aise entre les cuisses et les seins d'une de ces statues gulliveresques qui gardent le Trocadéro, planche de skate posée à sa droite.
Sa peau est douce, il est calme et sent bon le bonheur. Il a dévalé maintes fois, avec des cris de joie, les allées qui descendent en direction de la Tour Effel.
Avec ses copains, l'été c'est une glace vite engloutie, l'hiver des marrons chauds qu'on met dans les poches et qui câlinent de leur tiédeur le haut des cuisses avant de les manger en remontant la pente, la planche sur l'épaule. ⇨

C'est un enfant qu'on aime, qui s'aime et qui aime la vie et, comme dirait Monsieur Tout le Monde, elle le lui rend bien. Entre les deux, pas de dialogue Nord/Sud, on ne se téléphone pas pour un devoir sur les ressources du sous-sol colombien ou un problème avec l'aide de 50 millions de consommateurs sur le meilleur rapport prix-qualité de la planche de skate.

Deux photos, deux enfants, deux mondes, l'Enfer et le Paradis.
Dites, Monsieur Kipling, Mowgli n'a pas quitté la jungle pour une telle société ?
Ne sommes-nous pas passibles du tribunal de notre conscience pour non-assistance au Petit d'Homme en danger de mort. ■

Billet

PURÉE DE PRESSE
La presse est à la une au centre Pompidou à Paris.

Parmi les quatre manifestations maîtresses de ce show sur le business de l'information, j'ai choisi le spectacle son lumière et audiovisuel monté à grand renfort d'écrans panoramiques, de dioramas, (j'en ai pris plein les yeux et les oreilles) mais sans décoller de la position en tailleur que chacun adopte au mitan de la salle pour capter devant, derrière, ici et là, les images saccadées, le bruit bidon des rotatives et la mitraille terroriste des rues de Beyrouth.

Du croissant - crème du petit matin au lumière nocturne de la ville lasse d'actualité, mes sens sont restés sur leur faim.

"*Y' a plus d'odeurs*" dit un type qui a connu le plomb avant que la profession en ait dans l'aile.

"*On allait au boulot comme au ciné*" poursuit-il sur la bande magnétique qui se déroule en trente minutes toutes les heures, style prise de fréquences par radio libre.

J'étais au ciné de la presse comme au boulot. Silence on bosse. Pas de sous-titres pour les profanes, et l'inévitable discours de mauvaise conscience sur les médias au service des riches. Des avions papier journal lancés par un môme survolaient les fidèles ayant du mal à suivre le cantique.

Impertinent, le gamin se lève et crie : *assis ! assis !*, court à travers rafales et grenades et, frappé en pleine poitrine, tend les bras au ciel et s'écroule… Et refait des avions papier journal.

J'ai le stylo qui ronchonne : des faits à gogo, du gibier d'ouest en est, et une presse elle aussi assise en tailleur. Reste l'enfant grand reporter. ■

Billet

JOUJOUX, BIJOUX

Noël dans quinze jours. Une artère principale de Paris, rue de Rivoli. Des passants pressés entre boulot et dodo, fêtes dans la tête, pas sûr.

Du Louvre à l'Hôtel de Ville, en sens unique, le flot des voitures est plus dense que les piétons sur le trottoir. Vite sortis du travail, sprinters reconnus, les parisiens rejoignent de plus en plus promptement leur domicile surtout quand le thermomètre, flirte avec zéro.

Budget en baisse

Interrompus dans leurs courses, questionnés sept passants sur dix engagent moins de dépenses cette année pour fêter noël et le jour de l'an, deux dépenses davantage et un n'a pas encore arrêté ses comptes.

Avec un humour amer un des deux " dépensiers" ajoute : " je claque plus de fric, mais pour moins de plaisir". Pourtant de nombreux magasins, d'habillement en particulier, affichent des soldes à -20 et -30 %.

Très mode, le rouge et le noir des tenues de soirée connaîtront-ils la fête sur le corps des femmes ?

Les vêtements de sport d'hiver se vendent mieux. Les stations de ski répondent déjà complet pour les vacances scolaires de fin d'année et de février. Et puis le citadin s'habille de plus en plus sport, alliage de décontracté et d'élégance pratique. Côté adultes, les montres et la joaillerie sont préférées, "à égalité pour les hommes et femmes" d'après la première vendeuse d'un grand bijoutier-joaillier dont l'horloge en fronton est au garde-à-vous sur midi minuit…

Des robots dans les souliers et les enfants guerroient dans les étoiles car "la guerre n'est qu'un jeu" chante Hugo dans la balade du roi Jean. Le roi Jean de la lune : robots, fusée, soucoupe, armes à laser, sondes et engins téléguidés.

Les extra-terrestres seront parmi nous au réveillon. ■

Billet

JEUX DE CROISEMENTS

Juillettistes et Aoûtiens s'essuient les pneus sur l'autoroute ; c'est super mais ça coûte cher.

"Pierre qui roule n'amasse pas mousse, mais prend en stop une anglaise rousse" chantera mon arrière-petite-fille, collectionneuse de cartes postales des années 1980 aux parfums d'anémones fanées et de roses en solde.

C'est le temps des vacances, fractionnées avec dénominateur commun : gagner deux jours, l'aller et le retour en supplément gratuit. Une loi sur laquelle, pour une fois, nous sommes tous d'accord.

Autre accord parfait : en solfège balnéaire une plage blanche en vaut deux noires, même si la blanche est noire de monde, même si les pollueurs des deux autres ont été "blanchis".

Bof, depuis qu'un magazine m'a révélé que Paul Newman est daltonien, le noir et le blanc, le Black and White, me laissent muet, comme "le fils du Cheik", pétrodollars obligent.

Ah les vacances, le grand écran ; on passe en V.O. et on prend des couleurs. ∎

Billet

REPOSEZ, ARMES !

Ils ont décidé de ne plus fabriquer d'objets guerriers, volontairement et bien que cet engagement ait été pris la veille de Noël, il survivra à la trêve des confiseurs.

Ce faisant ils ont passé outre l'avis des psychologues jugeant comme moyen de se défouler l'armement lilliputien des chers bambins blonds.

Les fabricants de jouets sont suédois, car c'est d'eux qu'il s'agit. Ils ont fait la pige à leurs ainés d'Helsinki, en "casques bleus" quand le téléphone rouge est au noir et qu'ils couvrent le droit de l'homme à disposer de son voisin comme au Liban. ■

Billet

BRIGADIER, VOUS N'AVEZ PLUS RAISON

Jean-Michel Belorgey a rendu public le rapport établi par la commission, dont il est président, chargée d'étudier les missions de la police. Cinquante pages à bâtons blancs rompus.

Mon fils, tu as eu raison de voter pour le changement le 10 mai.

La prochaine fois que ton solex te lâchera et que tu traîneras les rues en le poussant casque sur le porte-bagages, et carte d'identité oubliée dans l'autre jean, tu verras le changement, foi de Belorgey, sous-traitant Deferre.
Plus de képi, la casquette, plate comme une déclaration ministérielle et l'uniforme bicolore, réversible pour les gradés dont les ordres pourront être légalement jugés illégaux.
Plus de tutoiement non plus, à toi de grand-père corse côté cour et grand-mère d'Estrémadure côté jardin, souvent traité de petit juif ou de raton.
Fini le flic bête et méchant de Giscard 1er. Rien que du beau monde. Des flics triés sur le volet, après des études supérieures, pour certains l'ENA, et un code de déontologie. Presque des médecins, avec en prime le droit à l'erreur pourtant contesté aux chirurgiens.

Et plus question de te garder 6 h au commissariat, sur un banc crasseux, loin de ton domicile.

Seulement 3 h, dans ton quartier, avec des murs sentant bon la peinture fraîche.

Des flics sympas, plus nombreux (pour réduire le chômage) et toujours en tenue, histoire de "*rassurer et de faire peur à la fois*".

S'il ne manquait le droit de grève, la bénédiction syndicale serait donnée urbi et orbi. Seuls les commissaires de police boudent ce rapport sur la police.

"*Il y a des gens qu'il vaudrait mieux écarter*" a précisé J-M Belorgey. Donc pas de souci à se faire. En écartant quelques huiles, tout baignera dans l'huile.

Par contre mon fils, tu n'as pas de chance, tu arrives trop tôt en terminale.

Ton cousin lui, dans quelques années pourra passer sans doute un bac "P", une nouvelle option "police". Console-toi, tu ne voulais pas du service national, tu seras bidasse – policier, la réforme le prévoit. ■

Reportage

PRAGUE SOUS LA NEIGE

Treize ans après l'opération chirurgicale soviétique, Prague est encore convalescente. Faible, elle hésite à ouvrir la fenêtre à double vitrage qui la sépare du reste du monde.

Dans ma sacoche les dernières éditions des quotidiens français ont un parfum de liberté buissonnière. "*Ne lui apporte pas de presse, elle sera confisquée à la frontière*" m'avait conseillé Germain qui a connu Ladislav aux Beaux-Arts avant le printemps aux fleurs fanées.

Peine perdue quand la recommandation s'adresse à un petit fils chouan et corse.

Me voici sur le pont Charles, dans la nuit précoce, baigné par le halo des réverbères en intervalles des trente statuts baroques ornant les parapets.

Ladislav recevra-t-il un inconnu, même si la bouteille de whisky que je lui porte, en guise de mot de passe, est de sa marque préférée ?

A l'aéroport, les policiers et les douaniers avaient ce sérieux marxiste-léniniste qui ride le front et ternit le regard. Mais le douanier était fatigué et ma cargaison de nouvelles "subversives" a passé les écluses rouges.

Prague est sage sous la neige, les rares noctambules admirent mes bottes d'après-ski en fourrure et me demandent, en allemand, si je veux les vendre. En U.R.S.S., l'an dernier, mes jeans avaient la vedette, aujourd'hui mes chaussures crânent.

Le philosophe écrit juste quand il avance que "l'homme ne vit pas seulement que de pain".

Ne téléphone pas

Sur l'autre rive de la Vltava, la vieille ville est un gros chat noir endormi.

Les tramways boueux et bondés apparaissent et disparaissent dans la brume plagiant dans leur rythme le passage fugitif des automates de la grande horloge. Je plonge dans ce quartier comme dans un dessin à la plume, sombre, puissant et romantique de Victor Hugo.

J'ai une envie subite de manger, pour me rassurer.

Une queue, une pâtisserie, un savoureux gâteau au chocolat surplombé d'un dôme de crème chantilly : c'est l'architecture gastronomique des Tchèques. Et mon équilibre calorique est rétabli…

"Avec les évènements de Pologne, ne le préviens pas de ton passage, ni par lettre ni par téléphone, tant de Paris qu'à Prague même. Va directement chez lui" avait insisté Germain. Vérifications faites sur les boîtes aux lettres, sous le porche renaissance, c'est bien là.

Je grimpe un grand escalier, quatre étages dans une faible lumière, j'y suis.

Je frappe trois coups avec force - tu vois Germain je n'ai rien oublié - à la haute et large porte de fer d'un ancien grenier aménagé.

Mozart socialiste

Ladislav est en compagnie d'amis dont la plupart parlent le français *"grâce aux cours dispensés par les services culturels de l'Ambassade"*.

Tous m'accueillent avec cette amitié simple et fraternelle dont parle mon père quand il radote sur les années d'occupation et de captivité.

Le déclic est bon. Nous buvons une Becherovka, liqueur prise en apéritif, proche de notre Chartreuse et du genièvre hollandais.

Les informations télévisées vantent, à grand renfort de reportage militaire, la pacification soviétique en Afghanistan : les troupes héliportées y font des prouesses. Avec elles *"le peuple"* des villages *"débarrassé des contre-révolutionnaires"* a retrouvé *"la paix et le bonheur"*.

Sur la Pologne, pas d'images, même militaires, sauf le portrait du général *"patriote"* Jaruzelski projeté en fondu sur la carte du pays *"frère"*.

Puis un long commentaire du journaliste de service sur les *"forces anti-socialistes"*, les *"anarchosyndicalistes de Solidarnosc"*, les *"extrémistes empêchant encore certains de leurs camarades de travailler"*.

Budapest, Prague, Varsovie, trilogie sanglante. Toujours le même refrain, celui des banderoles, rares à Prague, nombreuses dans les autres villes environnantes : *"Avec le peuple soviétique, travaillons pour le bonheur et pour la paix"*.

La paix, elle me pénètre et m'enveloppe le lendemain dans les églises et les cimetières.

A la basilique Saint-Jacques, avec la "messe du couronnement" de Mozart, mêlant debout touristes et praguois recueillis dans un univers baroque, au sens propre et au sens figuré.

A la synagogue Vieille-Nouvelle, construite au 13ème siècle par des cisterciens français, une des cinq synagogues rescapées sur les dix-huit d'avant le nazisme et le stalinisme, la seule ouverte au culte.

Au cimetière juif, en plein ghetto, par l'indescriptible foule de pierres tombales, verticales et obliques, dressées en désordre sur plus d'un hectare sur un terrain tourmenté par les amoncellements de terre apportée pour permettre à chaque défunt d'être enseveli rituellement.

"Tout cela est une partie du patrimoine culturel de notre république socialiste" récite sans accent, mais aussi sans cœur et par cœur notre guide officiel.

Le Baroque, Mozart, le Golem, produits socialistes dans le sens de l'histoire, unique et obligatoire.

Magasins pour indigènes

Pour Ladislav, la version est tout autre.

Un visa pour des vacances en France, attendu depuis dix ans. Sa tristesse de jeune architecte quand nous flânons au pied des échafaudages emprisonnant édifices religieux et bâtisses de style, rouillés et sans ouvriers, comme autant de plans quinquennaux demeurés sans lendemains qui chantent. Moitié moins de restaurants qu'avant la guerre. Et trente mois de salaires pour s'acheter une voiture, pas la Mercédès officielle.

Prague est sage sous la neige. La bière y est toujours brune à la brasserie "U.FLEKU" et nous provoque toujours à 14° au "U.SUPA". Les jeunes y élèvent encore la voix, ancrés aux longues tables de bois sombre, quais des détresses et des espérances. Ici comme dehors, pas un flic, vêtu selon l'usage s'entend.

Une ville polie sans police, une ville droite sans droit. De temps en temps, une voiture jaune et blanche file par les rues désertes où s'aventurent seulement la tribu des taxis "Skoda" et les trams bruyants transportant des muets.

A "la Lanterne Magique" les comédiens jouent classique le spectacle de pantomimes et d'audiovisuel à l'avant-garde dans les années soixante. ⇨

Et le public des touristes français, suivant l'itinéraire du "*romantisme absolu*" de Gonzague St Bris s'en délectent en découvreurs tardifs.

"*Que jouer d'autre*" répond Yan, artiste ami de Ladislav, quand je m'inquiète de sa permanence dans ce spectacle vieillissant, "*ça marche et que de complications si nous devions monter une nouvelle création*".

Pardon j'avais oublié le système, les musiciens des dancings qui interprètent trois morceaux et font la pause avec une régularité de métronome (ça va de soi), le billet de cent francs valant cent soixante-dix couronnes au taux officiel et quatre cents changé en pleine rue, les magasins pour Tchèques - j'allais dire pour indigènes pris dans l'ambiance coloniale - et les Tuzex, boutiques pour les touristes et les détenteurs de devises (d'où trafic monétaire dans la rue).

Prague après Budapest et avant Varsovie : triangle des Bermudes pour les casse-cous de la liberté.

Dans le Tupolev 134 du retour, je somnole quelque part au-dessus des deux Allemagnes.

Des visages, des regards, des paroles voguent dans ma tête. Ce passant à qui mon amie demande où acheter du caviar et sa réponse cinglante : "*Ici ce n'est pas Moscou !*", sur un ton inhabituel d'agressivité.

Dans l'église Saint Jacques, une fillette, mains jointes, aussi immobile et belle que les santons de la crèche qu'elle admire. Ce voyageur âgé m'orientant dans le métro, puis s'éloignant : "*j'aimerais tant revoir Paris*".

Et les yeux de Ladislav, quand il raconte comment "*on explique à un adolescent qui préfère passer des vacances en camping sauvage et en stop combien sont plus grandes les joies des vacances en groupe des centres collectifs*".

Prague est sage sous la neige sale. ∎

Enquête

PARIS SUR L'EAU

De Bercy à Neuilly, d'amont en aval, Paris fait l'amour à la Seine.

Rive droite, rive gauche, 30 km de vie à deux, par trente-cinq ponts, des ports marchands et de plaisance. Autant de caresses et de maladresses. C'est une aventure répertoriée par les historiens, sublimée par les poètes.

C'est aujourd'hui, pour quelques pas de plus, moins pressés, la découverte d'une existence sur l'eau pleine de charme et d'insolite.

"Rendre la Seine à Paris, affirmer la vocation de promenade des rives du fleuve" ; telle est la volonté du Conseil de Paris, exprimée par Christian de La Malène.

Objectif : ramener à trois, Tolbiac, Quai de la Gare et Javel, la dizaine d'implantations portuaires ; regrouper les bateaux-logements au-delà de Grenelle, accueillir au bassin de l'Arsenal, entre Bastille et Austerlitz, la plaisance transitant par la capitale.

Ce choix de la municipalité fondé sur l'étude de M. Rocher, collaborateur de Jacques Chirac, divise et oppose les usagers : port autonome de Paris (PAP), bateaux-mouches, pêcheurs, plaisanciers et habitants sur péniches.

M. Bruno Grange, nouveau directeur du PAP (Port Autonome de Paris), premier port fluvial de France et deuxième d'Europe, estime : *"un grand fleuve n'est vivant que s'il supporte une navigation et donne lieu à des échanges avec la ville qu'il traverse. Les millions de tonnes qui ne seraient pas acheminées par le PAP devraient l'être par des routiers qui embouteilleraient encore plus la circulation."*

Il est d'accord pour concentrer les activités mais en conservant *"un juste équilibre entre les ports, les promenades et l'automobile"*. Le port occupe aujourd'hui 8 des 30 kilomètres de berges. La municipalité veut réduire cette implantation de moitié. Déjà, le Quai St Bernard est devenu un musée de la sculpture en plein air.

César, Brancusi, Rougemont, Stahly - avec un géant de granit de 15 tonnes - et des œuvres d'autres contemporains, témoignent des tendances actuelles.

Expo aussi : l'exposition universelle, annoncée par François Mitterrand pour le bicentenaire de 1789, renforce le jugement de B. Grange : *"Par où d'autre que par la Seine faire venir les matériaux pour construire les pavillons et, après la fête, déblayer les gravats"*.

Quand on est maître des eaux des frontières de l'Eure à celles de Seine et Marne, pour le PAP et la ville de Paris les berges prennent des airs de Malouines...

BATEAUX MOINS BEAUX

Pris entre deux grands gestionnaires adversaires – le PAP et la Ville de Paris – les habitants du fleuve attendent, inquiets, la nouvelle règlementation, avec au quotidien les plaisirs de la vie à bord et les tracasseries administratives. Au-dessus des écoutilles (toit recouvrant le ventre des péniches) plane un décret de 1958 limitant à deux jours le stationnement des bateaux démunis d'autorisation, avec tout un chapelet d'amendes.

"Ici on est en règle" est fier d'annoncer M. Favelle, responsable du port de plaisance du Touring Club de France. Le T.C.F. occupe les quais rive droite de la passerelle de Solférino au pont des Invalides. Il bénéficie depuis 1933 d'une concession de l'Etat expirant en 1999.

Chaque année, 500 bateaux y font escale, en moyenne cinq jours. Des Anglais (50 %), des Français (20 %), des Scandinaves et des Américains.

"Des bateaux moins beaux qu'autrefois et des navigateurs moins argentés" regrette M. Favelle, mais toujours des célébrités : Peter Towsend, La Princesse Paola.

Le T.C.F. assure les services habituels d'un port : eau, électricité, yachting club, et des renseignements touristiques avec réservation de spectacles.

Sont aussi amarrés une soixantaine de bateaux-logements de vingt-cinq mètres. Mêmes prestations, avec en sus le téléphone,. Le règlement prévoit pour eux l'obligation de s'éloigner au moins deux mois ; mais le T.C.F. est bon enfant, l'essentiel étant d'avoir un aspect correct et un moteur en état de marche.

Un bateau, le "Papillon" du nom de l'ex-bagnard est en vente. Son propriétaire, un journaliste américain en veut 570 000 francs, prix correct, les péniches rénovées variant entre 400 et 800 000.

Salon, bibliothèque, 8 couchettes, baignoire, sanitaires, et des machines bien entretenues. Le "*Papillon*" a été acheté il y a dix ans en Hollande "*où les chantiers sont expérimentés et les coûts plus bas*". Non équipée, une péniche vaut rarement moins de 100.000 F et "*son aménagement triple ou quadruple son prix d'achat*". Tout se joue sur l'emplacement car une péniche sans emplacement est une tente sans terrain de camping.

En principe à Paris le PAP est d'accord pour maintenir la place du vendeur à l'acheteur, mais ces derniers mois des rejets sont intervenus. M. Favelle refuse tous les jours des demandes d'accostage, par manque de place et parce qu'elles émanent de sociétés commerciales, comme Pierre Cardin, "*folles de s'installer sur la plus belle avenue de Paris ce qui nuirait à l'environnement et à notre vocation*".

Au port du T.C.F., comme aux autres quais, l'inconvénient majeur et le tangage, provoqué par le passage des convois de 20.000 tonnes tractés à 20 Km/h. Le T.C.F. espère obtenir la concession du nouveau port, au bassin de l'Arsenal : 200 places, une écluse télécommandée, espaces verts, jeux, cafétéria, et une vedette itinérante pour le ravitaillement en carburant.

Ce confort, les amateurs de bateaux-ivres s'en méfient.

Contre quai, ou à berge basse comme à Neuilly, solitaire ou en grappes, avec ou sans autorisation, ils n'ont pas choisi de vivre sur l'eau pour retrouver les mêmes contraintes qu'en HLM.

500 fans de la péniche. Peu de hippies, quelques écolos, des architectes, des artistes, des antiquaires, des retraités, un banquier. Des célibataires endurcis et des familles dont les enfants "*font un bateau quand la maîtresse leur demande de dessiner leur maison*".

BATEAUX ECOLOS

Ici des résidences raffinées, des coques rouillées ; là des ponts avec jardins, miroirs solaires, éolienne, poulailler : un village avec ses notables et ses gens du peuple, ses beaux quartiers et sa banlieue.

Au Pont Sully, rive gauche, Xavier Esselink, sur "*l'Alma*" connait bien cette population "*classée marginale et aisée*".

Il est leur parlementaire à la tête de l'Association de Défense de l'Habitat Fluvial (ADHF) "*les municipalités sont chez elles jusqu'au quai haut et l'Etat, dans notre région relayé par le PAP, est propriétaire du bas. Mais*

à part Neuilly, les villes, ne sont pas d'accord.
Outre la taxe d'accostage, nous payons les impôts locaux. Pour l'eau, ceux du Quai de Conti s'arrangent avec les Sapeurs-Pompiers, d'autres utilisent des jerricans ; ici, à St Bernard, nous nous servons des bornes d'arrosage des jardins. Pour l'électricité, après des débuts à la lampe tempête, nous installons tous un groupe électrogène. Quant au téléphone, j'ai dû passer par les services des parcs et jardins, puis des monuments historiques...".

A Neuilly, les berges privatisées contredisent la loi d'Ornano protégeant la circulation des piétons au bord de l'eau. Des difficultés existent avec la mairie, le service de la navigation et les pêcheurs.

BATEAU BARBEAU

Les poissons, grâce à l'assainissement des eaux ces dernières années, sont revenus nombreux en Seine : sandres, tanches, gardons, carpes et parfois des brochets.

Les péniches ? M. Armirail, président de l'Association des Pêcheurs de Neuilly-Levallois, juge que *"c'est une question d'éducation. Nous avons nettoyé les berges et les péniches s'y sont amarrées. La loi n'est pas respectée, les amendes peu dissuasives. Les propriétaires sont intolérants.*

C'est le domaine public ; leurs chiens nous menacent. Toutes ces habitations flottantes freinent l'eau, les détritus s'entassent et le "Silure" n'est pas toujours disponible".

Le "Silure", du nom d'un poisson friand de déchets, est le bateau nettoyeur du PAP.

Jean Bruel, PDG de la Société des Bateaux Mouches, est lui aussi critique à son égard : "*Quand on l'appelle il vient trois jours après, alors nous nous débrouillons*".

Jean Bruel sait faire face à toutes les situations.

Etudiant il vivait déjà, avant la guerre, sur une péniche avec des copains. A la libération, il sent se lever le vent du tourisme fluvial, contacte en vain les pouvoirs publics pour relancer sur la Seine le transport de passagers, activité jadis prospère et défunte avec la création du métro.

"*A l'époque, on m'a ri au nez ; aujourd'hui on me consulte pour étudier un trafic sur l'eau à l'occasion de l'expo de 1989 !*".

En 1949 il achète un vieux rafiot, le rafistole. L'entreprise est un succès.

En 1981 sa flotte de 7 bateaux embarquant de 400 à 1500 passagers a fait découvrir Paris à un million de touristes, dont 80 % d'étrangers. Des européens, avec en tête les Allemands, des Américains, des Japonais, des Arabes. Les restaurants "embarqués" ont servi 150.000 repas l'an dernier.

Bilan du week-end Pascal 1982 : 52.000 passagers.

150 salariés assurent chaque jour une vingtaine de départs, avec le soir des projecteurs puissants "*remplaçant l'éclairage capricieux de la ville*".

Sous le Pont d'Iéna, en particulier le mardi, des sonneurs de trompe, de cor de chasse, sont ainsi sous les sunlights durant leur répétition, pour la paix nocturne de leurs lointains voisins de palier.

BATEAUX RAGOTS

Malgré sa réussite Jean Bruel ne s'est pas embourgeoisé l'esprit.

En 1953, à l'occasion du lancement d'un nouveau bateau, un canular de taille fut monté par lui et ses amis, le dessinateur Gus, Escarpit, le billettiste du "Monde" et Edmond Heuze, de l'Institut.

Ce dernier, devant le Tout-Paris et les officiels, dont le représentant du Ministre de l'Education Nationale, rendit hommage à Jean Sébastien Mouche, avec buste à l'appui, "*père de la navigation touristique...*

collaborateur d'Haussmann... descendant de Nicolas Mouche qui lança la mode de la Mouche sous les Mousquetaires... et de Suzanne Mouche, dernière passion de Louis XV...".

La presse rapporta l'évènement. Et deux jours plus tard les joyeux lurons ne firent pas rire tout le monde quand ils rappelèrent que Mouche n'était rien d'autre qu'un lieudit sur la Saône où, en 1864, la Compagnie des bateaux à vapeur "omnibus", avait fait construire le premier bateau à hélice pour la circulation urbaine des voyageurs...

Toujours provocateur amusé, Jean Bruel s'est fait aussi des ennemis en distribuant des dépliants d'embarquement dans lesquels on lisait : "*les Hollandais sont invités gratuitement... Les Arabes paient en pétrole... L'Université est, avec l'Armée Rouge et la Général Motors, la plus grande industrie du Monde*". Et certains slogans antigaullistes qui lui valent encore des regards sombres de la mairie de Paris.

Jean Bruel poursuit : "*Nous sommes régis par des textes dépassés. Nous sommes surveillés par la préfecture de police, la mairie, le secrétariat d'Etat au tourisme, le port autonome dont nous sommes concessionnaires par bail.*

Nos embarcations sont soumises à des tests de sécurité, parfois ubuesques quand des technocrates recherchent comment réagirait le bateau si 800 passagers s'entassaient sur 1 m² ! ".

BATEAU MAILLOTS

Si 800 passagers sur un m² de bateau mouche est une fiction, à Deligny, l'unique piscine parisienne sur la Seine, au pont de la Concorde, la réalité des jours d'été c'est 2 500 maillots pour la drague sur 300 m2 de solarium. Cet établissement, lui aussi concessionnaire du PAP par contrat annuel, date de 1785. Ancienne école royale de natation, un de ses anciens bassins avait été construit avec les restes du bateau cénotaphe qui devait transporter les cendres de Napoléon, projet resté sans suite, la Seine ayant gelé cette année-là.

"*Tous les "bains de rivière" - piscine est une appellation récente - ont disparu avec l'ouverture des piscines dans les quartiers. Mon père, successeur des Deligny, ne s'en est tiré que grâce à la mise en place, en 1937, du premier bassin étanche à eau filtrée*", raconte Albert Richard, 71 ans bien portés. Deligny a connu le premier championnat de France de natation, le 6 août 1889 et c'est à Deligny qu'en 1921 la mixité fut autorisée, ⇨

d'abord quelques heures, puis en permanence. Le bassin actuel de 50 m date de 1964 et, à lui seul, nécessite 300 des 1000 kg de peinture indispensable à la rénovation d'avril.

Deligny a connu des jours difficiles : un incendie en 1954 et des années déficitaires entrainant presque la faillite en 1972, par manque d'ensoleillement. Depuis la ville de Paris achète 8 500 des 100 000 entrées, subvention déguisée qui profite aux écoliers parisiens auxquels ces billets sont distribués. Malgré cette aide Albert Richard qui *"ne veut pas vendre à des étrangers ou à une Société commerciale"* envisage de cesser bientôt son activité. *"J'ai fait des propositions à Chirac ; mes contacts sont encourageants"*.

Verrons-nous le maire de Paris en maillot à Deligny comme Paul Reynaud en 1938 ?

A la piscine sont annexés un restaurant et une école de navigation, l'une des trois avec celles du Pont d'Iéna et de Solférino.

La saison estivale terminée une foire à la brocante dresse ses stands dans le bassin vide.

BATEAU CLODOS

Quand Deligny hiberne, la péniche de l'Armée du Salut, au Pont d'Austerlitz, ouvre ses portes jusqu'au printemps. Dans ses 92 lits les nomades du Quart Monde se réchauffent trois jours maximum. M. Schiffmann, l'officier de service, un suisse allemand plein de rudesse chaleureuse doit faire des prouesses, presque des miracles, chaque jour.

"On m'envoie des malheureux de partout : assistance publique, églises, communautés. Je garde les plus jeunes, les plus pauvres, les nouveaux. Pour les dernières places le bateau est parfois pris d'assaut."

Sa femme le seconde ainsi que six matelots, des *"récupérés qu'on essaie de sortir du fossé en leur donnant du travail à bord pour six mois, par roulement et 100 F mensuels"*.

Une forte odeur de savon de Marseille domine.

"Vous vous rendez compte ce que c'est pour un Suisse, la saleté, les poux, la vaisselle à l'eau froide. J'ai laissé ma personnalité à Bâle il y a 16 ans !".

L'idée de cet asile flottant revient à une amie des pauvres. Celle-ci, dans une vente de charité après la grande guerre s'exclama : *"puisqu'à Paris on ne trouve pas d'immeubles, cherchons une péniche !"*.

On en repéra une, vers St Denis, faite de béton et désaffectée depuis qu'elle ne ravitaillait plus la capitale, sa vocation durant la guerre.

L'acquisition, son transfert, son aménagement se réalisèrent avec le Ministre des Travaux Publics d'alors.

Les devises "*Aider les corps pour aider les âmes*" et "*Savon, Servir, Salut*" ont depuis pignon sur Seine.

BATEAUX COSTAUDS

Les corps, les sapeurs-pompiers du Quai de Conti s'en occupent 24 h sur 24.

Depuis janvier ils ont sauvé neuf désespérés. 14 sauvetages l'an passé dont une mère et son enfant en poussette tombés du quai.

"*Souvent les suicidés préfèrent le Pont St Michel. Mais il y a aussi les chiens abandonnés par leurs maîtres et qui, assoiffés, se jettent à l'eau et sont pris dans le courant*". Également des appels "*pour n'importe quoi, un trousseau de clés, des bijoux*".

Ils interviennent contre les incendies proches des rives, les bateaux mal amarrés - comme durant la forte crue de cet hiver - et des actions antipollution avec des barges et des bateaux-pompes type "Lutèce".

Des gaillards bien entraînés, plongeurs spécialisés "*aux sinus et tympans en excellent état*".

⇨

Excellente forme physique aussi pour les plongeurs de "Sogetram" et "Doris", deux sociétés associées dans les recherches et les travaux fluviaux et sous-marins.

De la base flottante installée en aval du pont de Bercy, ils partent sur les chantiers de la Seine et ses affluents. Ils entretiennent et réparent ponts, écluses, canalisations, prises d'eau des usines.

Un exploit cet hiver : une plongée de longue durée dans une canalisation d'égout obstruée sur une longueur de 80 m. "*Une intervention d'utilité publique parmi tant d'autres*" précise avec un mélange de fierté et de modestie M. Caillot, responsable de la base.

Des plongeurs appelés aussi à des missions lointaines pour implanter ou contrôler plates-formes en mer du Nord et sur les côtes africaines.

BATEAU CREDO

"*Aider les âmes*" pourrait être la devise de "*L'Emmanuel*", une communauté chrétienne logée sur le "Mont Thabor", au Pont de Neuilly.

La règle de ce groupe est que chaque membre se consacre à une heure de prière personnelle quotidienne "*car en ville celle-ci passe trop facilement au second plan*".

Hervé Catta, un de ses animateurs, a laissé au vestiaire sa robe de jeune avocat mondain et plein de promesses "*pour montrer qu'on peut être chrétien à Paris*".

Leur point d'orgue : "*chez les gitans d'Argenteuil dans l'une ou l'autre des caravanes, on prie. En trois mois, 50 baptêmes*"

Ce mouvement rassemble 3 000 fidèles et leur revue "*Il est vivant*" tirée à 20 000 exemplaires.

BATEAU CANAUX

Avec ou sans prière le recueillement est de rigueur sous la voûte de deux kilomètres du canal St Martin, de la Bastille à la Rue du Temple. Chaque soupirail du Boulevard Richard Lenoir, au-dessus, est un vitrail naturel d'où la lumière joue avec l'ombre verte.

Quel frisson quand on songe aux propos de Georges Pompidou "*Paris doit s'adapter à l'automobile*" avancés pour justifier son projet de transformer le canal en autoroute, idée heureusement reléguée au placard des absurdités. ⇨

Ce Paris insolite, ce canal presque secret, nous le découvrons sur "La Patache" qui, après avoir remonté la Seine de la passerelle de Solférino au Pont d'Austerlitz, franchit l'écluse et le bassin de l'arsenal, s'entunnelle sous la voûte et, d'écluse en pont tournant, de pont tournant en passerelle - dont celle de "*L'Hôtel du Nord*" immortalisée par Jouvet et la célèbre réplique "*Atmosphère !*" d'Arletty - nous débarque au bassin de la Villette.

De moins en moins de péniches empruntent ce raccourci entre St Denis et Bercy, évitant les boucles de la capitale, sauf l'hiver quand les grandes crues rendent dangereux le passage des ponts.

"*Pour les terriens les bateliers sont des romanichels*" constate, un peu amer, M. Brunetaire, le patron du "Mic-Yvo" un sablier qui relie Paris à Montereau à 5 Km/h. "*Nous payons tout plus cher, téléviseur, machine à laver, fer à repasser, car ce sont des appareils "spécial marine" et qui dit petite série dit gros prix*".

Artisan, son revenu est inférieur à celui d'un "O.S.", "*pour seulement 1 dimanche sur 4 de libre, souvent consacré à repeindre comme pendant les vacances*".

BATEAUX DISCO

Pour oublier, faire la fête, la ville de Paris est de plus en plus partie prenante dans des manifestations populaires sur l'eau.

Fin avril, en collaboration avec Europe N° 1, elle a organisé un super show pour le centenaire de la construction de l'Hôtel de Ville et le 75ème anniversaire de Tino Rossi.

Cinquante vedettes du hit-parade français, autant que les années de carrière de Tino, ont donné à près d'un million de parisiens un spectacle avec pour tréteaux une barge remontant le Seine du Pont d'Iéna au Pont d'Arcole.

Aux noctambules forcenés, il ne restait plus qu'à atteindre l'aube en dansant au "Sous-Marin", une discothèque aménagée dans un authentique submersible rapatrié d'Abidjan, à quai allée du bord de l'eau à Boulogne.

Encore la fête le 1er mai avec une traversée de Paris par la Seine en planche à voile. Toujours la fête, les 19 et 20 juin avec concerts, spectacles de danse, mime, marionnettes et foire aux antiquaires sur le Pont Neuf, histoire de recréer l'activité qui régnait sur ce pont au 17ème et 18ème siècles.

Et la culture mille millions de sabords !

Certes il y a les 200 bouquinistes - encore par concessions !

Ils montent la garde sur le quai haut et la relève par des jeunes s'opère aisément, *"quand une boîte reste close c'est qu'un bouquiniste vient de mourir, et un autre prend sa place car le métier ne meurt pas"*.

BATEAUX INTELLOS

Deux autres lieux de culture : la *"péniche des arts"* au port de Passy où Olivier Roussel fait la pige à la Maison de la Radio, sa voisine, en projetant des courts métrages comme "*Le Chien mélomane*" de Prévert et Grimaud, et l'ADAC, association pour le développement de l'animation culturelle, une péniche mobile sur laquelle on peut peindre, tisser et participer à des ateliers de poésie, de marionnettes, de musique et de magie.

BATEAU RETRO

La magie, le rêve, c'est le "*Belem*", notre unique Trois-Mâts ancré au pied de la Tour Eiffel, quai de Suffren depuis 1981 et jusqu'en 1986.

Navire en fer gréé trois-mâts, son grand mât atteint 34,50 m. Sa mâture est aujourd'hui d'acier. Jusqu'en 1914 il navigue sous pavillon français et connait cinq commandants dont un fit à bord son voyage de noces.

Durs moments : un incendie à bord dans le port de Belem où périrent une centaine de mules non débarquées. A Brest il subit l'abordage d'un navire anglais. Plus tard il s'échappa à l'éruption meurtrière de la Montagne Pelée car au mouillage hors du port de Saint Pierre de la Martinique.

En 1914 il est acheté par le Duc de Westminster qui en 1921 le revend à Lord Guinness lequel le baptise "Fantôme II" et le transforme en yacht luxueux.

Puis il devient la propriété de la fondation italienne CINI qui l'équipe de moteurs Fiat et le cède aux chantiers navals de Venise, qui à leur tour, le mettent en vente.

C'est alors que l'Association pour la Sauvegarde et la Conservation des Anciens Navires Français A.S.C.A.N.F. s'y intéresse, et, avec l'autorisation des pouvoirs publics, le petit écureuil que sont les Caisses d'Epargne s'en portent acquéreur. Remorqué par un bâtiment de la Marine Nationale, il entre à Brest le 17 septembre 1979.

Deux ans plus tard, toujours remorqué, il arrive au Havre où un pilote de Seine le conduit à Rouen. De Rouen à Paris deux chalands lui font remonter la Seine, tandis que sa mâture est transportée par rail et route.

Après travaux et quelques années musée à quai il appareillera, flambant neuf, comme navire-école.

"Mais qui de lui ou de mon dix mètres lèvera l'ancre le premier ?" murmure, songeur, Patrick, trente ans, cadre dans une banque et qui, depuis deux ans, prépare avec un ami son bateau, sur le Front du Bois de Boulogne pour le tour du monde.

Paris la Seine, Paris la mer ; la mer est au bout du fleuve. ∎

Enquête

PARIS SUR L'EAU
BON A SAVOIR

LES AVALEURS DE NEFS

La Seine est aujourd'hui une autoroute.
Les péniches lourdes et puissantes traversent la capitale sans risque.
Jadis, avant le nivellement du lit et la démolition des vieux ponts, la circulation sur l'eau était bien différente.
Les avaleurs de nefs faisaient alors des acrobaties.
Pas du tout saltimbanques, sans parenté avec les avaleurs de sabres, encore moins laïcards briseurs d'églises : des mariniers, pilotes casse-cou qui conduisaient les bateaux, les nefs, par la "vallée de la misère", quelques mètres de Seine turbulente entre le pont Notre-Dame et le pont au Change, aussi dangereux que le Cap Horn.
Paris à cette époque étranglait la Seine entre ses quais, ses ponts aux piles épaisses, ses moulins et ses pompes.
Un véritable barrage coupant la ville en deux, non pas rive gauche - rive droite mais amont et aval, est et ouest par rapport à l'Ile de la Cité.

⇨

Irrité par cet encombrement, le fleuve accélérait son cours dans la gorge restée libre et s'engouffrait sous les arches étroites rarement en enfilade d'un pont à un autre.

Là intervenaient les avaleurs de nefs, payés par les marchands pour conduire les bateaux sur ces rapides. Montés à bord avant le passage périlleux, ils manœuvraient les embarcations, les passaient en aval, les "avalaient" avec l'aide d'une équipe de gros bras maniant treuils et câbles sur les ponts et le chemin de halage.

Ainsi les cargaisons de bois descendant du Morvan et celles d'huile et de tabac montant de Rouen franchissaient le verrou parisien.

Avec le M.L.F., mouvement de la libération du fleuve. Les avaleurs ont disparu.

Mais sur la basse Seine une poignée de pilotes spécialisés en sont les héritiers, à la barre des grandes nefs modernes navigant dans l'estuaire.

PROMENADES SUR LA SEINE ET SES CANAUX

- Bateaux Mouches
  Pont de l'Alma, rive droite. Départs de 10h00 à 22h30.
  Déjeuners et dîners à bord (enfants non acceptés au dîner)
- Bateaux vedettes Paris-Ile de France
  Traversée de Paris mais aussi croisières sur la Marne et la vallée de la Seine.
- Bateaux vedettes Pont Neuf
  Square du Vert Galand. Départs de 10h30 à 22h15. Croisière sur la Marne à la demande.
- Bateaux Vedettes Tour Eiffel
  Pont d'Iéna, rive gauche. Départs de 9h à 17h.
- La Patache
  Promenade du Pont de Solférino au bassin de la Villette en empruntant le canal St Martin. Le matin, 9h Quai Anatole France (près Deligny), l'après-midi 14h bassin de la Villette, Café "Les Palmiers".

L'ACTIVITE DU PORT AUTONOME DE PARIS (PAP)

Le PAP a une activité globale représentant 15% du tonnage de ce qui entre dans la capitale.

Voici quelques chiffres en tonnes significatifs de son trafic :

Produits agricoles	1 894 939
Denrées alimentaires	597 735
Combustibles minéraux solides	3 949 692
Produits pétroliers	3 963 286
Minerais et déchets métallurgiques	32 035
Matériaux de construction	11 411 000
Engrais	280 374
Produits chimiques	110 234

A ce bilan s'ajoutent les combustibles liquides transportés par le pipe-line Le Havre - Paris, également géré par le PAP.

ACHETER UN ESCARGOT QUI FLOTTE

"L'escargot qui flotte" est le nom donné aux bateaux-logements par leurs habitants.

Pour un achat vous pouvez consulter un mensuel "Les annonces du Bateau" vendu en kiosques et le classique "Centrale des Particuliers" hebdomadaire présentant mariages et voitures anciennes, via parfois péniches.

Vous obtiendrez aussi des renseignements utiles sur tout ce qui touche à l'habitat fluvial en contactant l'Association de Défense de l'Habitat Fluvial A.D.H.F. péniche "L'ALMA" quai Saint Bernard.

Lisez également NAUTICUS aux éditions E.M.O.M. une encyclopédie pratique donnant une foule de précisions sur la plaisance fluviale et les bateaux-logements.

Mais surtout, flânez le long des fleuves, des canaux, et enjambez la Seine par ses ponts et passerelles.

DES COCHES D'EAU POUR 1989

A l'occasion de l'Exposition universelle de 1989 on reparle d'un projet consistant à transporter les Parisiens sur la Seine. L'idée n'est pas nouvelle puisqu'une telle ligne a existé jusqu'en 1934.

Deux solutions sont pour le moment à l'étude. La première, assez classique n'apporte rien de neuf ; la seconde, permettrait à un nouveau type de bateau de voir le jour.

Dans le premier cas 40 minutes et 300 chevaux pour balader 550 personnes, à 15 km/h, entre Bercy et Citroën. Dans le second 20 minutes et 1 100 chevaux pour transporter 200 passagers, à 40 km/h, entre les mêmes points.

Une opération de 135 à 140 millions et une flottille de 24 bâtiments pour la solution dite "classique". Dix bateaux de plus et des investissements trois fois plus élevés pour la formule de type aéroglisseurs.

Cette opération de longue haleine sera sans doute subventionnée dans une large mesure par la "Foire de Paris". Le problème, ajoute M. Maistre, adjoint du directeur du PAP, est la faible rentabilité d'un service régulier de passagers sur la Seine. L'exploitation sera sans doute équilibrée pendant la durée de la foire mais que faire des bateaux après la fermeture des expositions ?". Peut-être les exporter comme les Bateaux-Mouches qui ont fait école dans la baie de Rio.

L'EAU, LE TEMPS LIBRE ET LE SENATEUR

A la séance du Sénat du 23 avril 1982, M. Bernard Michel Hugo a posé au Ministre du temps libre la question suivante, dans un style plus proche de La Fontaine que de celui de son homonyme, l'auteur de "La Légende des Siècles".

"... à un moment où vous venez de lancer, Monsieur le Ministre, la campagne "A la découverte de la France", où vous prenez des mesures - que j'apprécie particulièrement - pour favoriser les vacances des français dans leur pays, ce dont je vous remercie et vous félicite, ne serait-il pas intéressant d'associer le tourisme fluvial à votre campagne et d'inciter le "furet" du temps libre à naviguer au fil des eaux, à moins de le transformer en "héron" du temps libre ignorant "bison futé" pour découvrir une autre France".

Rien ne sert de discourir, il faut parler à point... Adieu furet, héron, bison futé. ∎

Enquête

TEXTIL' CONNECTION

Depuis février la douane française intensifie ses contrôles. Action antidrogue, non. Répression des transferts de fonds et des objets d'art, non plus. Objectif : les fringues, les importations textiles. Du synthétique au naturel, des Philippines comme des USA, en direct, via Rome ou Amsterdam, la chemise voyage beaucoup. Col : fermé, comme les usines Boussac et Rhône Poulenc. Longueur des manches : inversement proportionnelle au chômage. Prix : dans le désordre. Du cousu main pour gagner du fric sans gros risques.

Nous les riches de l'hémisphère nord on aime s'habiller et on en a les moyens, certes en baisse de 4 % en 4 ans, 80 % consacrés, engloutis, à se loger, se vêtir, pour la bouffe. Différent dans l'hémisphère sud. Les pauvres, eux, 80 % pour manger (pour manger quoi) et à peine 20 % pour le reste, les restes.

En textile et habillement, chemisettes, serviettes de toilette, nappes pour première communion, etc., l'Italien dépense 9,11 % de ses revenus, le Canadien 7,9 %, le Français 7,14 %, le Belge 6,9 %.

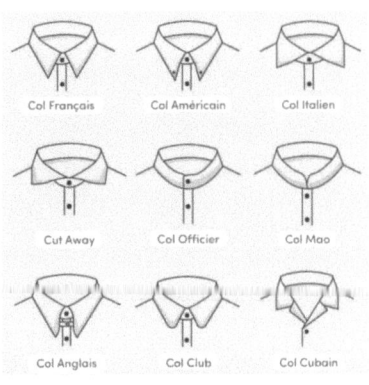

Un budget, de l'argent, du fric qui appâte les disciples du droit à la paresse et fabriquer au moindre coût et vendre au meilleur prix, donc fabriquer là où matières premières et main-d'œuvre sont au plus bas.

D'où les déclarations à la presse d'un des Frères WILLOT : "*Il y a des pays où les gens se contentent d'un bol de riz par jour ! En France, ce n'est pas un bol mais l'équivalent d'un camion qu'il faut leur donner*". Devinette : a-t-il choisi le travailleur au bol de riz ou celui au camion ?

Même logique chez les Yankees, dont les importations en France ont progressé de 65 % de 1978 à 1979, avec leur pénétration à 13 % l'an. Recette : d'abord par un dollar sous-évalué et des prix du gaz moins élevés qu'en Europe ; ensuite par le transfert de leurs usines dans les états du sud, à forte main-d'œuvre mexicaine et à salaires faibles ; enfin en attaquant le marché européen avec leurs surplus vendus 20 % au-dessous de la moyenne.

Venues d'Outre-Rhin, des informations inquiétantes et non encore démenties. Au large des côtes allemandes et néerlandaises, des industriels affrètent des bateaux, y entassent une main-d'œuvre bengalie, indienne ou chinoise et les transforment en ateliers flottants. Les salaires sont ceux du sud-est asiatique et des charges sociales insignifiantes. Bien entendu, les articles sont étiquetés "made in CEE" et circulent à des prix concurrentiels.

Plus près de nous, dans le quartier du "Sentier", en plein Paris, cinq mille Turcs, Yougoslaves, Marocains, Mauriciens, Pakistanais, Tunisiens, avec ou sans papiers, touchent 30 F pour une robe vendue 200 au détail, 15 F pour un chemisier "soldé" 100 rue Tronchet.

En province, à Pessac, banlieue de Bordeaux, l'Aquitaine a décidé de confier à des sous-traitants grecs et marocains la fabrication de sa collection d'imperméables et de prêt-à-porter féminin.

Rien d'étonnant alors si les effectifs de Rhône-Poulenc Textile - R.P.T. chutent en 15 ans de 27 000 à 3 000 emplois, en douceur par le jeu subtil des licenciements "économiques" (pour qui ?), des retraites anticipées et des primes incitatives aux départs dits volontaires. La "méthode Gandois", PDG de R.P.T., rassure les actionnaires. En effet, 13 200 travailleurs obtenaient en 1977 un chiffre d'affaires de 3,9 milliards et 2 600 atteindront en 1982, les 2,5 milliards.

Dito chez PROUVOST SA, numéro un du textile français. Chiffre d'affaires 1980 : 5,5 milliards mais 4 000 salariés sur 21 000 touchés par le chômage partiel.

S.O.S. AMF III

La "commission d'enquête chargée d'examiner les problèmes de l'industrie textile et les moyens à mettre en œuvre pour les résoudre", créée fin 1980, a déposé son rapport en mars 1981.

Elle propose pas moins de quatre-vingt-dix-neuf recommandations pour remonter la pente. Les structures, les investissements et la circulation du textile sont "microscopes". La commission estime que les difficultés du textile-habillement ne se réduisent pas aux importations mais elle note que leur règlement constitue le préalable de la résolution de l'ensemble. Qu'énonce le préalable : "*Il y a des importations sauvages qu'il faut stopper, des importations illégales qui reposent sur des conditions de concurrence déloyale qui doivent être découragées*".

Répercussion immédiate : le renforcement des contrôles douaniers dont les premiers résultats sont révélateurs. En huit semaines, une centaine d'infractions relevées représentant une valeur marchande de 60 millions de francs, l'équivalent de la production d'une entreprise d'une centaine d'ouvriers.

En Italie, même trafic, même combat douanier. "*Il s'agit de trafics clandestins évalués en centaines, voire milliers de milliards de lires*", constate Ruggero Pizutti, commandant la police financière toscane dans l'affaire d'une société milanaise fantôme, EXPORTEX. Cette société importait d'Orient, des tonnes de tricots revendus avec étiquettes "made in England".

S.O.S. AMF III ! Cet appel au secours lancé par certains patrons, syndicalistes et pouvoirs publics à la veille des négociations du troisième arrangement multifibres (AMF III) sera-t-il capté par la Communauté Economique Européenne, et la nouvelle réglementation moralisera-t-elle les échanges entre partenaires, dissuadera-t-elle l'International Textil' Connection ? Dans le séisme mondial qui secoue l'économie, protectionnisme et libre échange dévoilent leurs charmes et montrent leurs dents, acérées.

Pour les parlementaires français, une condition fondamentale à prévoir dans l'AMF III : "*une régulation des échanges doit établir une relation directe entre le niveau de la consommation intérieure et la pénétration étrangère, afin d'éviter la situation créée par l'accord multifibres II qui, négocié lorsque la consommation croissait de 4 %, s'applique à un marché en baisse de 1 à 2 %*". En clair, pas d'entrées en France supérieures à ce que peuvent acheter les Français.

La Hollande et l'Allemagne sont plus que réticentes sur cette exigence du coq gaulois.

Autre mesure préconisée par Paris "*...un texte prévoyant que toutes les peines relevant actuellement du tribunal de simple police soient correctionnalisées...*". A quand le premier inculpé notoire ?

⇨

Dure négociation en perspective, où chacun défendra son bout de drap en fredonnant "l'hymne aux nations", Reagan en tête. En effet, ses conseillers ont donné le la : "*l'accord multifibres a un seul objet, la défense contre la concurrence du Tiers Monde et non entre pays industrialisés*". Ronald save U.S.A.

Flou de Bruxelles

Sans pessimisme, on peut craindre un accord-passoire, avec ce flou des grands couturiers des textes sur l'Acier, l'Agriculture et aujourd'hui le Textile.

"*Quel autre résultat attendre d'une instance communautaire dans laquelle se retrouvent états et patrons de multinationales et où les productifs, les travailleurs, de même que les consommateurs, sont absents*", répond à ces préoccupations M. Lacroze, permanent à la Fédération CGT du Textile.

L'art du trafic, le responsable économique de l'Union des Industries Textiles- U.I.T. m'en expose toutes les tendances :

− Le dumping, prix de vente d'un produit à un prix inférieur à sa fabrication, est une spécialité américaine dans les fibres acryliques et polyester.
− Magouille, voisine du dumping, incontrôlable en économie d'état, par la Roumanie, avec des costumes livrés à 92 F.
− Fausses déclarations en douane sur l'origine, la composition ou l'espèce d'un produit. Exemples de fraudes : une chemise "made in Italy" provenant de Corée du Sud (60 % de coton et 40 % de polyester au lieu de 50/50) chaussettes baptisées collants. Toutes ces nuances (on est dans l'art) afin d'éviter la tarification imposée, dépasser le quota autorisé, transiter par un pays ayant un accord tarifaire préférentiel avec la C.E.E.

Sans oublier les copies et les contrefaçons.

En gros, et au détail, "*une fraude évaluée à 10 % du volume global des importations*" selon la Direction générale des Douanes. Mais avec ou sans importations sauvages, les chiffres sont là : un produit textile et d'habillement sur deux est d'origine étrangère.

Un patron de Troyes, région frappée par cette pénétration, bougonne car "*pour le Maroc, je bénéficierais de crédits d'investissement en matériel à un taux d'intérêts de 7,5 % avec peut-être des subventions. Sur place, on* ⇨

m'accorde difficilement du 14, voire 15 %. Alors comment investir, exporter, créer des emplois. Savez-vous qu'entre exportations et importations, chaque tonne de textile en déficit supprime du même coup un poste de travail".

Incompréhensible alors, à contre-courant, la reprise par JASSICA de la Société française MAVEST à Roanne, affaire de confection masculine qui avait déposé son bilan en juillet 1979.

JASSICA est officiellement une société financière établie en Suisse. Impossible de connaître l'origine de ses capitaux (pétro-dollars ?). Son dirigeant est un banquier, Ch. CRAISSATI. 830 millions de dollars de chiffre d'affaires en 1980 dans le commerce international textile avec la Grèce, le Portugal et l'Espagne.

M. Ch. CRAISSATI est un philanthrope amoureux de la cuisine lyonnaise...

Les sauvages parmi nous

L'Italie est notre premier fournisseur étranger avec près du quart des importations. Suivent neuf autres pays occidentaux industrialisés. Et ce peloton représente 80 % de nos importations. Aucun doute, les importations sauvages bénéficient du "milieu" industrialisé.

Comme à Chicago, ça explose quand la répartition du racket n'est plus respectée par les associés.

L'AMF III sera-t-il la Saint-Valentin ou le coup de poing des "incorruptibles" ? ∎

Bilan

50ème ANNIVERSAIRE DU RÉGIME DE RETRAITE DES CADRES LA LÉGENDE D'UN DEMI-SIÈCLE

Il était une fois un pays qui, de ses ports d'occident à ses hauts fourneaux de l'est, de ses beffrois résistant au vent du nord à ses sites antiques baignés de soleil, se réveilla un jour les yeux cernés, les paupières lourdes d'une nuit longue de quatre années, une nuit de brouillard et de cauchemars.

C'était un pays meurtri, blessé autant par ses propres divisions que par celles, blindées, d'un envahisseur barbare, un pays à la recherche de son temps perdu.

Mais ce pays, vieux de mille ans, en avait comme on dit connu d'autres : invasions, guerres de succession et de religion, jacqueries, révolutions et coups d'état jalonnaient son itinéraire de grandeur et de misère.

Sa jeunesse, toute oxygénée d'espérance par la liberté retrouvée, n'entendait pas reprendre le chemin poussiéreux de l'école de pensée qui avait trop bien formé tant d'élites paresseuses. C'est ainsi que, menés par quelques rebelles à l'indifférence et au chacun pour soi, les ingénieurs et les cadres - parmi lesquels un grand nombre de militants chrétiens - mirent en chantier et réalisèrent en un temps record la CCN/14.03.47.

D'arche en arche

Rien à voir avec un prototype automobile, d'avion espion et encore moins de hors-bord à réaction.

Sous cette numérotation jamesbondienne, un texte ayant valeur de Convention Collective Nationale, signé le 14 mars 1947, avec pour objet le rejet de l'épargne capitalisée égoïstement et la création d'une protection vieillesse par répartition solidaire.

Cette convention a depuis été complétée par des annexes, comme toute résidence à succès, ainsi que par une série d'avenants, tous avenants à l'exception de celui portant le matricule A 159, lequel réduit, déraisonnablement et rétroactivement, la majoration des droits pour enfants. Un accroc pour les accros de la famille.

⇨

On pourrait symboliser cette convention par un pont à plusieurs arches : D'arche en arche, de génération en génération, il relie les actifs d'une rive aux retraités de l'autre rive.

Ainsi, que le cours du fleuve économique et démographique soit paisible ou tumultueux, ses eaux hautes ou basses, les hommes et les femmes des deux rives se fréquentent, communiquent, sont solidaires, les cotisations des uns alimentent les pensions des autres sans aucune discrimination. Un exemplaire lien et liant social qui mériterait un peu plus de respect, ne serait-ce que pour son âge, de la part des grands prêtres du libéralisme intégral.

Bel aujourd'hui

Aujourd'hui nous vivons aussi dangereusement que nos aînés. Les jeunes diplômés sont en quête incertaine d'un premier emploi précaire et la drogue de la pensée unique leur est largement distribuée par des dealers bon chic, bon genre.

Si, frappé de défaitisme aigu malgré les récentes injections financières ARRCO, le régime des cadres bat en retraite, faut-il pour autant passer à l'euthanasie ?

Certes on peut regretter la trop lente prise de conscience de certains dirigeants paritaires à adapter progressivement l'AGIRC au nouvel environnement né des chocs pétroliers mais aussi de l'évolution de l'emploi et de l'allongement de la vie.

Mais quelle dimension professionnelle, morale et civique serait celle d'ingénieurs et de cadres qui, aux portes du troisième millénaire, baisseraient les bras et laisseraient leur imagination au vestiaire.

Toute époque a ses creux de vagues et ses lagons, ses temps d'effort et de récréation.

N'oublions jamais que les plus belles légendes se nourrissent du réel et qu'il appartient à celui qui les reçoit de les transmettre.

Alors, il sera une fois... ∎

Congrès

DIRECTION CONGRÈS

Nous sommes sur la ligne droite du congrès confédéral, lequel se tiendra à Nantes en novembre prochain.

Huit mois nous séparent de cet événement phare du mouvement où il s'agira, certes de faire le bilan des trois ans passés mais surtout de tracer les orientations générales et les actions dominantes que la CFTC ambitionne de porter haut et fort durant les trois dernières années du siècle.

Chacun de nous, selon son tempérament, vivra ces huit mois dans l'indifférence ou la curiosité, l'abandon ou l'engagement, la prudence ou l'espérance, l'alignement ou la recherche.

Nous sommes de ceux qui observent et déplorent, dans la quasi-totalité des structures (politiques, économiques, syndicales et sociales), le déficit croissant de démocratie, c'est-à-dire de participation active et directe des "associés" au fonctionnement de la structure et aux prises de décision.

Trop souvent les niveaux intermédiaires oublient qu'ils doivent être autant, sinon plus, récepteurs qu'émetteurs.

Nul n'échappe à cette dérive infectieuse de la conception du pouvoir. Comme si, plus vivaces que les principes de délégation et de subsidiarité, les méthodes du Roi Soleil et des jacobins séduisaient toujours les dirigeants.

L'indépendance d'esprit n'est-elle pas garante de la valeur des choix de celui qui la possède, n'est-elle pas valorisante pour les idées et les hommes ainsi choisis ?

Huit mois pour réfléchir, analyser, confronter et débattre.

Un congrès ça se prépare et c'est avant tout l'affaire des syndiqués et des militants. ■

GROS PLAN NANTAIS

Fin novembre se tiendra à Nantes le congrès confédéral CFTC. Nantes, ville symbole de la liberté et de l'intolérance : l'Edit du bon roi Henri... puis sa tragique révocation vouant à l'exil 300.000 hommes, femmes et enfants, la démocratie bretonne sous protection ducale puis les noyades massives de la terreur révolutionnaire.

De même les vins du pays, décapants ou délectables selon la température à laquelle ils sont servis.

Il en va sans doute de même du syndicalisme lequel peut être enraciné dans des valeurs chrétiennes sûres et accueillir, rassembler ou au contraire confondre, les mots et les idées et s'enorgueillir de regrouper une élite pour laquelle toute nuance, opinion différente et critique sont nécessairement injustifiées, hérétiques.

Si, voici quelques années, l'essor de notre mouvement était freiné par un manque d'organisation et d'objectifs affichés, ne risque-t-il pas d'en être de même aujourd'hui par excès de structuralisme idéologique ?

Dans l'un et l'autre cas l'impact est négatif pour la CFTC, pour ceux qui la représentent, pour ceux qui y adhèrent.

Oui, plus que jamais la vie est à défendre, mais sachons le faire avec la rigueur de la raison et la compréhension du cœur.

L'intelligence syndicale, comme politique, réside et se mesure dans la sagesse à concilier le cœur et la raison et à unir hommes et femmes, jeunes et aînés qui, tels qu'ils sont, avec leurs défauts et leurs qualités, se sont engagés pour servir. Tels qu'ils sont, demandant à se parfaire et non à être jugés. Tels qu'étaient les compagnons de Jeanne.

Notre planète est saoule d'ignorance, de fanatisme et d'ambition. Notre douce France a des fantasmes libano-bosniaques et son syndicalisme vit au jour le jour.

Ce n'est vraiment pas le moment de devenir une chapelle. ∎

Congrès

INTERVENTION DE ROGER-POL COTTEREAU
(Extraits)

Le rapport d'activité que je vais vous présenter, approuvé par le conseil de l'UGICA, est le dernier relevant de ma responsabilité.

En effet, comme je l'avais annoncé dès ma réélection de secrétaire général au congrès de Tours, j'entends m'appliquer, sans contrainte statutaire, la règle des trois fois trois ans, règle maintenant et enfin intégrée dans les statuts confédéraux, règle que vous aurez, lors de cette assemblée, à introduire dans les statuts.

Cette règle de limitation de la durée répétitive des mandats se cantonne aujourd'hui aux hautes fonctions dirigeantes. J'en suis insatisfait car elle ne permet pas un turn-over plus large, plus démocratique, plus dynamique des instances dans lesquelles, trop souvent, s'endorment les corps et ronronnent les esprits.

Trop timide, elle n'active pas assez le renouvellement des générations et est inadaptée au secteur marchand et concurrentiel dans lesquels les salariés, comme en politique, n'ont pas la même facilité à être des permanents syndicaux, à faire carrière loin de la ligne de feu.

J'affirme que le syndicalisme est une école remarquable de formation à la vie, avec une particularité évidente comparée à l'enseignement général, qu'il soit public ou privé : ne s'enrichit d'expériences et de connaissances que celui qui donne aux autres plus qu'il ne reçoit.

Souvent l'enseignement demande à notre cerveau d'être une éponge ; le syndicalisme lui impose d'être le cœur. Car nous le savons tous : qu'est-ce qu'une action, un geste, une vie sans affection, attention sensible, amitié et, osons le dire, sans amour.

J'aimerais que le syndicalisme soit une discipline des arts martiaux : on apprendrait à combattre en respectant l'adversaire, en refusant la drogue du pouvoir, en honorant le vainqueur tout en saluant le vaincu (le plus

difficile !). Seul pourrait être exclu l'Hara-Kiri qui pourtant, convenons-en, a quelque vertu de santé morale.
Et puis, à Hara-Kiri on verrait bien qui rirait le dernier, jaune, ça va de soi !
Je considère que le syndicalisme a besoin de revoir sa copie, (pour ne pas dire de faire son Vatican II, histoire de m'attirer quelques mises à l'index). Trop de revendications en tous sens altèrent la force maîtresse et affaiblissent la notoriété ; trop d'actions sectorielles s'inspirent d'un égoïsme nuisible à la cohésion sociale, à l'esprit civique, aux intérêts d'une nation déjà suffisamment amputée de certaines de ses libertés par une Europe sans âme.
Une place plus importante doit être sans plus attendre accordée par les syndicats aux préoccupations des salariés du secteur marchand concurrentiel, notamment les salariés, abandonnés des petites entreprises.
C'est là où le droit syndical doit être, avec vigueur et en priorité, injecté à doses massives.
Regardez les états-majors syndicaux, tout comme ceux des partis politiques : ils sont révélateurs de cette regrettable absence d'hommes et surtout de femmes du commerce et de l'industrie. Cela doit changer !
"*Le syndicalisme chrétien est, par essence, contestataire, de résistance et de combat*". Serions-nous moins courageux ici, dans un pays en paix et de droit que là où des syndicalistes sont arrêtés, torturés, martyrisés et leurs familles pourchassées ?
J'exhorte les futurs conseillers à une petite paresse dans les idées et le porte-plume au bénéfice d'un plus vif engagement dans l'action
Voilà, chers collègues, les dernières recommandations amicales non moins vigoureuses, d'un secrétaire général se mettant volontairement en retraite progressive, d'un jeune et farouche militant... de 1964, d'un toujours et encore rebelle à tout endormissement, surtout face à un Patronat à l'arrogance débridée.
Rappelez-vous que la chance, et c'est une chance d'être ensemble et de regarder dans la même direction, rappelez-vous que la chance crée plus de devoirs que de droits.
Je vous encourage donc à servir et vous salue fraternellement. ■

Analyse

QUAND EMPLOI RIME AVEC INTÉRIM

Nécessité économique, évolution des mentalités ou tout simplement bouée de secours, l'intérim progresse chez les cadres. On estime qu'un cadre sur trois a dans sa carrière utilisé ou subi cette expérience.

Bien que la dénomination cadre soit une appellation variable, on repérait en 1990, dernières statistiques fiables, 42 000 contrats de travail temporaire signés par des cadres.

Comparé sur la même année aux 200 000 chômeurs de cette population, l'intérim cadre, s'il représente un créneau étroit, apparaît néanmoins comme une ouverture, une issue à ne pas négliger. D'autant qu'une mission sur deux débouche sur un nouvel emploi.

Une offre sur quatre fait appel à des ingénieurs et un cadre recherché sur trois est âgé de moins de 35 ans. Il doit être immédiatement opérationnel dans une mission vitale de production, de vente ou d'étude technique ponctuelle.

Ainsi, tout en restant un phénomène marginal, l'intérim cadre, de par son évolution rapide, est un dépannage, une solution parmi d'autres au dur problème de l'emploi sinistré. Sept cadres sur dix privés d'emploi sont partants pour une mission d'intérim, prioritairement pour trouver rapidement du travail mais aussi comme moyen d'insertion ou de réinsertion sociale, ainsi que pour diversifier leur expérience.

Pourtant c'est une image négative de l'intérim que perçoivent encore les cadres, estimant pour la plupart ce travail plus comme un passage obligé que comme un tremplin, une rampe de lancement. Plusieurs considèrent même cette solution dévalorisante, réservée, au personnel d'exécution.

Prélude à recrutement

La durée moyenne des missions est plus élevée pour un contrat cadre que pour un contrat non-cadre. En effet, pour l'ensemble des salariés il s'agit souvent de contrats inférieurs à un mois (94 %) et de moins d'une semaine (45 %) tandis que chez les cadres deux missions sur trois durent plus de six mois, prélude fréquent à un recrutement de plus longue durée.

L'industrie, BTP inclus (9 %), est le secteur le plus porteur (55 %). Quant aux services, ils "trustent" une mission sur cinq. Deux fonctions, la production (26 %) et le marketing-vente (20 %) sont les plus demandées, suivies des études-recherche et comptabilité-finances. L'intérim-cadre apparaît donc comme le définit l'Observatoire de l'Emploi de l'APEC, dans la situation que "face à des entreprises qui ont des besoins provisoires se trouvent des salariés provisoirement prêts à jouer le provisoire".

Permanence du provisoire

La crise de l'emploi, les pratiques d'embauche qui en découlent brouillent l'analyse objective que mériterait le travail temporaire, tout comme par ailleurs l'étude du travail à temps partiel.

Toutefois, si le propre du provisoire est d'être éphémère, on est en droit de s'interroger sur la permanence d'intérimaires dans certaines entreprises et de contractuels dans la fonction publique.

Le syndicalisme doit ici veiller au bon usage des textes légaux et conventionnels. Il doit aussi, en phase avec les exclus du travail, œuvrer pour rectifier, mieux maîtriser, harmoniser les besoins des entreprises et les aspirations des hommes. ■

Société

ARRETONS LE MASSACRE

D'un côté des jeunes diplômés en quête d'un premier emploi, de l'autre des cadres quinquagénaires mis au rebut. Deux générations mutilées qui nous lancent un SOS.

Aujourd'hui un français sur deux, âgé de 55 à 64 ans, est inactif, ce qui place la France en second, derrière les Pays-Bas, dans cette triste performance.

Dans le même temps 80.000 jeunes diplômés nouveaux se bousculent pour décrocher les 30.000 postes proposés par les entreprises en 1992 et dont 10 % seulement font l'objet d'offres dans la presse.

Chaque demandeur d'emploi âgé de plus de 55 ans, percevant à peine l'allocation chômage de base, coûte en moyenne, 260.000 F au régime UNEDIC (Assurance chômage).

Autre indicateur : le remplacement d'un salarié âgé de 55 ans par un jeune représente une charge de 300.000 F pour la collectivité. Cette estimation faite par Martine AUBRY, Ministre du Travail, équivaut à la création de trois emplois.

Fin 1991, l'Assurance chômage versait une allocation à 85 531 cadres, soit un flux mensuel de 5 173 indemnités dont un sur dix en pré-retraite, toutes formules, plus ou moins astucieuses confondues.

Cet été l'APEC, Association pour l'Emploi des Cadres, explose avec 79 % d'inscrits de plus qu'en juin 1991.

Une telle exclusion des jeunes et d'adultes âgés (vieillit-on prématurément plus l'espérance de vie s'allonge ?) est inhumaine.

A défaut de créer dans l'immédiat des emplois viables, objectif à ne pas abandonner, trois thérapies d'urgence sont à promouvoir, par voie conventionnelle et volontariat :

- Le travail à temps partiel, par accord négocié garantissant, la possibilité d'un retour au plein temps ainsi que le maintien intégral des avantages sociaux environnants.
- Le congé sabbatique partiellement rémunéré. Cette option devrait permettre de remplacer l'absent par un jeune diplômé ou un cadre confirmé chômeur. Un marchepied pour l'insertion ou la réinsertion.
- Le tutorat associant un cadre quinquagénaire en dégagement progressif à un jeune diplômé embauché à temps partiel croissant.

⇨

Ce triptyque va bien au-delà de l'élémentaire assistance à personne en danger de mort économique et psychologique. C'est un choix de société, d'éthique au plein sens du terme.

Quelques rares entreprises et branches professionnelles (ex. BTP) ont enclenché le mouvement. A chacun de nous, sous la bannière de "La vie à défendre" de l'amplifier.

Le syndicalisme n'est-il pas intrinsèquement partage et engagement ? ■

Société

L'AGIRC CONTRE LA FAMILLE

A la recherche d'un équilibre perdu depuis deux ans, le régime de retraites des cadres s'en prend aux familles et aux veuves. Etrange façon de célébrer 1994, "l'année internationale de la Famille".

Indépendamment des aléas financiers provoqués par l'accès à une retraite pleine avant 65 ans, le régime de retraites des cadres (AGIRC) enregistrera, fin 1994, un déficit cumulé d'environ 12 milliards de francs.

Si la montée du chômage entraîne une stagnation des effectifs et des salaires, il serait partiel et partial de désigner ce phénomène comme seul responsable du déséquilibre entre cotisations (recettes) et pensions servies (dépenses).

Techniquement c'est bien le rendement, c'est-à-dire ce que rend en pension de retraite un franc de cotisations (patronale et salariale confondues), qui est la cause première du dysfonctionnement, jusqu'alors caché par la croissance et des produits financiers anormalement élevés.

En effet, comment maintenir le même rendement, le même niveau de cotisation d'un côté et de retraite de l'autre alors que chaque année l'espérance de vie s'améliore d'un trimestre ? Actuellement un cadre "récupère sa mise" en 8 annuités de retraite alors qu'à 60 ans il peut encore espérer vivre 18 ans au masculin et 24 au féminin.

On le voit, une telle "marge bénéficiaire" autorise un ajustement convenable tout en continuant de garantir un rendement supérieur à celui d'autres produits d'épargne ou de retraite.

Les femmes et les enfants d'abord

Mais cette voie raisonnable, équitable pour tous les cotisants et les allocataires, n'a pas la faveur de certains dirigeants patronaux et syndicaux de l'AGIRC lesquels préfèrent s'attaquer aux droits des familles.

Ainsi remettent-ils en cause les majorations accordées aux cadres ayant eu au moins trois enfants ainsi qu'aux droits des conjoints survivants. Une nouvelle version de "les femmes et les enfants d'abord !"

S'il est vrai que le développement du travail féminin, l'abaissement à 18 ans de la majorité légale de même que l'évolution des mœurs ont modifié les comportements et les ressources des ménages, trop grande est la diversité des situations pour procéder à une chirurgie hâtive, sans concertation avec les associations familiales et de veuves. On comprend maintenant pourquoi, malgré nos demandes répétées, l'AGIRC refuse toujours aux veuves le droit de vote en assemblée générale...

Avant toute réduction ou suppression d'avantages sociaux de ce genre, les réformateurs zélés devraient se souvenir que les bénéficiaires concernés sont déjà par ailleurs exclus de certaines prestations sociales, légales ou locales, par l'application de critères de ressources rigides.

Veut-on créer de nouveaux pauvres à destination de l'aide sociale déjà débordée ?

A bas l'école

Autre projet anti-famille dans les cartons de l'AGIRC : réduire de 75% le budget social des aides à la scolarité (225 millions de francs versés en 1992, le plus souvent sous forme de bourses d'études supérieures).

Quand on sait que les réserves de fonds social de l'ensemble des caisses AGIRC dépassent les 6 milliards de francs, on est en droit de s'interroger sur l'objectivité et la neutralité d'un tel projet.

Economie et démographie sont les deux moteurs, aujourd'hui grippés, des régimes de protection sociale fonctionnant en répartition et basés sur la solidarité.

Inutile de les refroidir un peu plus par des mesures inopportunes à court terme et imprudentes à long terme. ∎

Société

PORTRAITS DE FAMILLE

Qui devient cadre et à quel âge, quels secteurs et quelles fonctions sont misogynes ? Croquis d'une famille où se côtoient mythe et réalité.

Selon l'AGIRC, Association Générale des Institutions de Retraite de Cadres, le plus jeune cotisant a 16 ans et le doyen 90 ans... De quoi concurrencer les lecteurs de 7 à 77 ans de Tintin !

Les mêmes statistiques nous apprennent que l'âge moyen du cadre actif est de 42 ans, celui du retraité de 70 ans et celui du conjoint survivant allocataire de 74 ans.

De son côté, l'APEC, Association Pour l'Emploi des Cadres, dans son "Cadroscope 95", fait le point sur le statut cadre.

Cette enquête, menée en collaboration avec l'institut de sondage BVA auprès de 3.000 cadres salariés du secteur privé, nous indique que cinq cadres sur dix le sont devenus par promotion interne, deux en changeant d'entreprise et trois dès leur premier emploi, essentiellement les diplômés d'écoles d'ingénieurs, d'un doctorat et d'écoles de commerce. L'âge moyen d'obtention du statut cadre se situe à 30 ans, avec une nette concentration (62 %) entre 25 et 34 ans.

Plus le niveau de formation est faible, plus longue est l'attente entre la première embauche et l'accès au statut.

Ainsi, les Sans Bac doivent labourer et semer durant dix-sept années, les bacheliers une douzaine, les Bac+2 dix, les Bac+3, 4 et 5 près de cinq années, les titulaires d'un doctorat et diplômés des écoles de commerce au moins trois, et les ingénieurs deux années.

Où sont les femmes ?

Alors que l'AGIRC chiffre à 26,3 % la proportion des femmes parmi les cadres et que la plupart des statistiques officielles l'évaluent entre 24 et 26 %, l'enquête APEC, rapportant les déclarations des 3.000 cadres questionnés, nous révèle un taux de 21 %. Bien entendu ses 21 % cachent des situations fort contrastées.

Si la taille de l'entreprise joue ici un rôle marginal, il n'en est pas de même du secteur d'activité et des fonctions occupées.

Les services, la banque et l'assurance aiment les femmes plus que ne les courtisent la chimie et le BTP, le plus macho des secteurs.

Quant à la fonction "Personnel – Communication" elle a un faible pour un certain deuxième sexe, penchant que ne partage absolument pas la fonction "Direction générale".

Cet apartheid, accentué par les différences salariales et des carrières rarement pleines, explique mieux le grand écart existant entre les retraites des hommes et des femmes.

Voyez. En 1994 un cadre féminin retraité a perçu une pension annuelle de 30.000 F tandis que son homologue masculin touchait 81.000 F !, près du triple.

Une telle différence rend plus choquantes encore les décisions récentes prises dans le régime de retraite des cadres - sous couvert d'égalité des sexes et de contraintes européennes - de réduire les droits du veuvage féminin.

Choquant aussi le règlement électoral des caisses de retraite. Les veuves (et les veufs) titulaires d'une pension par réversion n'ont pas le droit de vote, ce qui les exclut des débats et délibérations et leur interdit l'entrée dans les Conseils d'Administration. Le collège des cadres est encore loin d'une reconnaissance réelle de la mixité. ■

Société

ENTRACTE DANGEREUX

Après le mouvement de grève que nous avons vécu, un regard sur le comportement des cadres paraît opportun.

De Gaulle et Mitterrand ne sont plus. Avec eux disparaît, non pas une certaine idée de la France, mais une idée certaine du pouvoir.

Des managers de renom, des politiciens médiatisés, des élites autoproclamées et maints intellectuels se transforment en agents de communication de la pensée unique.

Serions-nous tous en cure d'amaigrissement moral par boulimie passive de jeux télévisés ? C'est dans cette ambiance plus maussade que morose que les cadres ont entamé l'année nouvelle par une galette avec pour fève un régime de retraite en forme de point d'interrogation.

Ils avaient terminé l'année 1995 dans une étrange discrétion dont il conviendra de diagnostiquer s'il s'est agi de modestie, de doute ou de prudence.

Quoi qu'il en soit, les cadres ont été les grands absents du mouvement social prérévolutionnaire que notre pays a connu cet automne.

Cette fissure entre cadres et non-cadres est entretenue par diverses manœuvres patronales, mais sans doute aussi par l'existence d'une organisation catégorielle au naturel instinct de clan.

Déjà, nous avions attiré votre attention sur le flou statistique et l'appellation incontrôlée de la population cadre. Depuis le chômage n'a pas fait de détail et les employeurs, passant du patriotisme d'entreprise à l'économisme apatride, accentué cette banalisation, déstabilisant dans le même temps leurs collaborateurs les plus chevillés.

Il est temps que les cadres se ressaisissent, qu'ils prennent des responsabilités sociales et éducatives dans l'entreprise, leur ville où leurs compétences professionnelles et leurs aptitudes personnelles doivent servir.

C'est dans le service aux autres qu'une fonction est reconnue supérieure, bien avant l'existence d'un statut. Parler d'entreprise ou de société citoyenne n'a de sens qu'en présence de citoyens, c'est-à-dire d'hommes et de femmes libres et responsables.

En cette fin de siècle et de millénaire où le meilleur et le pire s'accomplissent en accéléré, les cadres ont l'obligation morale de s'engager. ∎

Société

CITOYENNETÉ

On sait que la CFTC a comme règle de conduite de ne pas s'impliquer dans les compétitions politiques, exigeant même de ses membres de ne pas cumuler mandats syndicaux et mandats partisans. Certes cette règle souffre quelques exceptions, connues ou non, plus particulièrement au niveau municipal, certaines villes, grandes ou petites, entendant ne pas se priver des compétences évidentes d'un militant débordant de dynamisme. La vie, Dieu merci, n'est pas une autoroute et les départementales ont le charme et le parfum des amours de jeunesse, ce temps des yeux grands ouverts et des émotions indélébiles.

Mais l'interdiction de cumuler fonctions syndicales et fonctions politiques serait mal comprise si elle tendait à mettre à l'index tout engagement dans la cité, notamment lorsqu'il s'agit de choisir le chef de l'Etat.

Les Français ne sont pas des sujets mais des citoyens, ils ne sont pas des sondés mais des électeurs, ils ne sont pas des veaux mais des verticaux. Toute petite phrase médiatique niant ces trois qualités est à considérer comme une atteinte à la dignité de l'homme, à cette infime poussière divine que chacun détient au creux de son arbre écorché.

Il nous appartient donc de bien regarder en face celui qui sollicite notre bulletin de vote, de l'écouter dans le détail exprimer à voix basse plutôt que dans l'envolée fugitive, de déceler chez lui s'il y a une vraie volonté de servir. Car la politique est avant tout être au service de la nation et de son peuple, deux mots qui, même usés, réclament toujours dévouement, force, sagesse et sacrifice s'il le faut.

Les révoltés, les exclus voilés d'appellations techniques, les familles en perte de pouvoir d'achat, les cadres entre deux écluses ont encore en tête une certaine idée de la France que semblent avoir complètement gommée de la leur les "Bourgeois du crépuscule" (expression de B. Renouvin) et les populistes endimanchés.

Il y a des rendez-vous à ne pas manquer. ■

Société

GRAND AGE NOUS VOICI
SUR NOS ROUTES SANS BORNES

Un homme sur cent sera français dans le labyrinthe des nations du nouveau millénaire. Serons-nous alors une tribu aux cheveux blancs ou bien des conquistadors ayant pour caravelles des laboratoires de recherche, des ateliers et des fermes hyper-robotisées. Serons-nous des sédentaires hexagonaux ou des nomades planétaires exportant notre savoir et notre savoir-faire.

Avant d'embarquer pour franchir l'an 2000 - le compte à rebours a commencé - voyons l'état des lieux en nous rappelant que "qui veut voyager loin, ménage sa monture".

Oui, 6 milliards d'hommes sur l'orange bleue des surréalistes et des cosmonautes. Dans les pays riches, la natalité s'effondre en spirale vertigineuse, avec des contradictions internes, dialectique oblige.

La RFA est la plus ridée du monde, et ça continue. La RDA, qui était sur la même pente en 1975, se refait elle une jeunesse. En dix ans son rythme annuel des naissances est passé de 180 000 à 233 000. Selon les experts ce renversement radical de tendance est le résultat d'une politique familiale originale. En effet, l'économie du pays mobilise toutes les énergies des deux sexes, d'où peu de femmes au foyer et une contraception et des interruptions de grossesse facilitées. Mais dans le même temps, neuf mesures sociales dynamisent la natalité :

- un congé post et prénatal de 28 semaines,
- avec prolongation possible rémunérée à 70 % jusqu'à ce que le deuxième enfant ait douze mois, le troisième et les suivants dix-huit mois,
- un mois de salaire à chaque naissance,
- interdiction de licencier une femme mère d'un enfant de moins de 3 ans,
- un jour de congé pour "travaux domestiques" par mois,
- réduction du temps de travail de 10 % avec maintien du salaire,
- priorité au logement pour les familles ayant de jeunes enfants,
- remise d'échéances de remboursement d'emprunt à la construction
- équipement et réseau de crèches performants.

Repassons le mur et le Rhin, rentrons chez nous. Au 1er janvier 86, nous étions 55 282 000 habitants avec, pour l'année, 8 000 naissances de mieux qu'en 84, y compris les immigrés. Il y a maintenant 182 enfants pour 100 ⇨

femmes alors que pour le simple remplacement des générations, il en faudrait 210. Certes, de quoi faire rêver la RFA qui avec un taux de fécondité de 1,27 enfant par femme risque de voir sa population réduite de moitié en quarante ans ! Des facteurs environnants sont à remarquer. Pour la première fois depuis 1975, le flux migratoire est nul ; les interruptions volontaires de grossesse sont stables. Par contre, le nombre de mariages a encore baissé (417 000 en 72, 273 000 en 85) et celui des divorces doublé (100 000 en 84). Ainsi un enfant sur cinq nait hors mariage. En famille légitime ou concubinage, le nouveau-né français a une espérance de vie de 71,3 ans s'il est de sexe masculin et de 79,4 ans s'il s'agit d'une fille, soit huit ans de différence. Seules la Finlande (avec neuf ans) et l'URSS (avec dix ans) battent ce record de galanterie, en pays industrialisés.

C'est entre 20 et 25 ans, par les accidents de la route, et au-delà de 40 ans, par les conséquences retardées de l'alcool (l'alcool tue lentement...) que la surmortalité masculine fait la différence. Remarquons l'évolution des morts violentes, un décès sur dix. Les morts par suicide sont aussi nombreuses que les morts de la route, dans chaque cas 12 000, plus de 40 % depuis 1976.

Aujourd'hui 3,5 millions de personnes ont 65 ans et plus, et 700 000 d'entre elles ont atteint 85 ans. A la fin du siècle, ces dernières seront 1 100 000. Quels équipements collectifs supplémentaires et nouveaux nécessitera cette population du grand âge, quelle charge le français moyen, âgé de 36,4 ans entend supporter financièrement pour ces investissements. Un octogénaire sur cinq dévient sénile et un sur deux invalide. Nous sommes loin de la zizanie sur le forfait hospitalier à 23 F et des remboursements tronqués des médicaments de confort.

Immobilité sclérosante

Tandis que la natalité s'effondre en Europe, elle est en forte croissance-dans le tiers-monde, avec là aussi des situations diverses. L'Afrique et le Proche-Orient progressent, alors que l'Amérique du Sud et la Chine ont des taux de fécondité en baisse. Pour la Chine, c'est la politique de l'enfant unique qui maîtrise l'expansion démographique. Mais ce freinage volontaire des naissances pose aux Chinois d'autres problèmes : ceux de la modernisation de l'appareil économique et des mises à la retraite. La tradition chinoise, persistante malgré trente-cinq ans de communisme, est de garder son emploi à vie, de père en fils, le Parti n'échappe pas à cette immobilité sclérosante. En 1995, un chinois sur dix aura soixante ans et plus. ⇨

Ce vieillissement entraîne un accroissement des dépenses sociales supérieur à la croissance des revenus de l'Etat, ce qui n'est pas étranger aux changements structurels. En effet, le secteur collectif représente 27,7 %, contre 19,2 % en 1978. Il faut savoir que les retraites sont payées aux salariés partis par leurs anciennes unités de travail, si elles font des bénéfices...

Quoi qu'il en soit à l'ombre de la muraille de Chine la croissance dans le Tiers-Monde dépasse 20 % en dix ans, malgré un environnement hostile, notamment l'érosion des sols et le déboisement. Et c'est 80 % de la population mondiale qui vivra en pays sous-développé avec pourtant des espérances de vie de 34 ans en Sierra-Leone, 35 en Gambie, 37 en Afghanistan, 42 au Mali, 50 au Pakistan, 52,5 en Inde. Il est vrai que de son côté, l'Ecosse a le plus grand nombre de décès par crise cardiaque (300 pour 100 000 personnes en un an). Qui soutient que le whisky est bon pour le cœur ? Quant aux Italiens, aux Hongrois, aux Français, aux Autrichiens et aux Yougoslaves, ils sont les virtuoses de la cirrhose du foie.

Féminin pluriel

La population active française change de look. Elle se compose de plus en plus de salariés, lesquels sont passés de 62 % en 1949 à 85 %. Les USA et la Grande-Bretagne nous devancent, l'Italie et le Japon nous suivent démontrant que ce phénomène est général en pays riches industrialisés.

Le tertiaire progresse, l'industrie chute. Les baisses les plus sévères concernent le textile, l'habillement et la chaussure, la sidérurgie, la chimie de base, les mines, l'agriculture et la métallurgie. En revanche, les secteurs "services aux entreprises et aux particuliers" (3 millions d'emplois) ont progressé en moyenne de 34 %, celui du commerce de détail alimentaire de 16,6 %, le commerce de gros non alimentaire de 18,3 % et le commerce et la réparation automobile de 14,8 %. Les cadres et assimilés ont une place de plus en plus grande, bientôt 30 % des salariés. De 1954 à 1982, la présence des femmes a fait un bond de 85,3 % avec un impact de 49 % dans le public et de 36 % dans le privé. Des disparités importantes subsistent au niveau de la promotion et de la rémunération. Plus la qualification est faible, moins cet écart est important : pour les ouvriers, les écarts moyens étaient de 24 % en 1979, 21 % en 81 et 20 % en 83. Pour les employés, techniciens et agents de maîtrise, ces chiffres sont respectivement de 27,26 % et 25 % et, chez les cadres, de 39,5 %, 38,4 % et 39 %. Cet écart important pour les cadres est dû en particulier au très fort afflux ⇨

de femmes débutantes dans cette catégorie, notamment depuis 1981 ; elles sont donc encore au bas de la hiérarchie.

En 1954, quatre septuagénaires sur dix exerçaient une activité professionnelle. De 1968 à 1985, sous l'effet de la crise et du salariat, la France n'a pu fournir un emploi qu'à la moitié des 6 millions de nouveaux demandeurs d'emplois malgré l'allongement de la scolarité et l'abaissement de l'âge de la retraite. Seule une croissance économique retrouvée et durable est de nature à diminuer le chômage, tucistes et préretraités inclus, car selon l'INSEE la population active sera, dans 17 ans, à un chiffre record de 26,6 millions, soit 2,4 millions de plus qu'aujourd'hui.

Le schéma classique à trois étages, enfance/formation, vie adulte/production, vieillesse/repos, éclate. La formation permanente, le chômage classique, les préretraites multiformes font que l'économie l'emporte sur le biologique. A quand cette nouvelle vie du temps partagé qui n'a rien à voir avec les grandes vacances des charters de pré et jeunes retraités ? A quand la réinsertion productive, économique et culturelle, de ces dix millions de Français condamnés à l'inutilité ? A quand la fin de l'existence découpée en rondelles ne tenant pas compte des aspirations profondes de l'individu, de la dignité de l'homme ? Pourquoi s'extasier devant un président de la République de 48 ans (Valéry Giscard d'Estaing) si on ne donne aucune chance de reconversion à un cadre du même âge ?

Un autre jeu

Evitons bien entendu de suivre l'exemple soviétique. La situation des personnes âgées y est préoccupante, officiellement elles sont censées continuer à travailler parce que valides, donc non rejetées du monde productif. Elles ont aussi à assumer des tâches domestiques et éducatives. La famille est tenue de s'occuper de ses membres les plus âgés. En réalité la solidarité familiale est de plus en plus lâche, les prestations vieillesse faibles. Les personnes âgées continuent de travailler, non par goût mais par obligation, le plus souvent dans des emplois dépréciés, fournissant ainsi à l'Etat la main d'œuvre bon marché qui lui manque dans certaines branches.

Les contrats emploi-formation, les congés sabbatiques, le tandem temps partiel - retraite progressive (déjà proposé par la CFTC à son 39ème congrès - Versailles, novembre 77) sont des atouts pour un autre jeu avec un peu plus d'amour et un peu moins de hasard. Le temps presse. Le compte à rebours a commencé. ■ *(Titre emprunté à un poème de St-John Perse).*

Société

CHERCHE BUFFON DÉSESPEREMENT

Ecole, travail et repos : ce découpage en trois tranches de la vie qui désarticule et rouille le corps et l'esprit est aujourd'hui encore en vogue.
Ainsi l'obligation de mémoriser étouffe le plaisir d'apprendre, l'œuvre devenue ouvrage puis pièce détachée échappe à la créativité que tout homme, pour son équilibre et sa dignité, a l'impérative nécessité d'exprimer. Et la retraite a ses maisons closes et ses croisières post veuvage où rien ne se crée, rien ne se transforme mais où tout se perd.
Pourtant nous sommes entrés dans la civilisation des quatre générations, celle dans laquelle sont simultanément présents grands-parents, parents, enfants et petits-enfants. Une nouveauté démographique dont nous n'avons pas pris pleinement conscience et encore moins analysé les conséquences sociales, économiques et psychologiques.
Parce que figés dans nos concepts du XIXème siècle sur l'organisation archaïque de la scolarité, de l'entreprise et du temps libre.
Alors nous bricolons des plans pour l'éducation nationale, pour l'emploi frangé du chômage, pour les retraites, sans lien majeur dans la trilogie si ce n'est celui des échéances électorales.
"*Cherche Buffon désespérément pour instruire et émouvoir bambins au jardin des plantes du 3e millénaire.*"
Car c'est bien de Buffon que nous manquons cruellement, de planteurs d'arbres, d'enracinés capables de transmettre savoir-faire, savoir-vivre et savoir-penser afin que les héritiers ne soient pas des survivants dépendants.
Dans ce passage du témoin, les cadres ont des responsabilités évidentes, des fonctions sociales et culturelles certaines. Ils ne peuvent s'en tenir à les exercer exclusivement en entreprise.

Présents au présent

L'investissement intellectuel et technique dont ils ont été bénéficiaires doit avoir un retour vers la collectivité qui leur a permis ce développement.
Aussi devraient-ils s'impliquer davantage dans le monde associatif, montrer l'exemple, être présents au présent.
Au-delà du système productif élémentaire, est-il nationalement positif qu'un cadre sur quatre soit francilien ? Toutes les régions appellent toutes

les compétences et la présence des cadres en tout lieu serait un puissant atout pour l'aménagement du territoire.

Au-delà de la recherche de la rentabilité et du profit immédiats, quelle richesse à moyen et long termes qu'un apport des cadres en milieu universitaire, qu'un partage d'emploi par un congé sabbatique permettant à un jeune diplômé un remplacement démonstratif ? En cet automne où la CFTC souffle ses 75 bougies et où l'UGICA, Union des Cadres Chrétiens, tient congrès à La Baule sur le thème "le gâchis des cadres" n'est-il pas opportun d'engager les cadres CFTC à ne pas gâcher cette chance : être parmi les pionniers d'une nouvelle société plus fraternelle, dans la ligne de leurs aînés d'après la Grande Guerre. ■

Société

ÉGALITÉ OU ÉQUITÉ
Ma réponse à un questionnaire

Par cinq questions, a priori anodines, nous entrons sans trop nous en rendre compte dans l'un des débats intellectuels et de société de ce siècle finissant en zigzags économiques, politiques... et linguistiques !

Subissant la mode - qui, lapalissade, n'est qu'éphémère - nous introduisons le mot doux et confus *équité* dans la sauce, rarement épicée, de nos conversations et ce en substitution, sous influences diverses, au mot fort et précis *égalité*. Si les racines latines des deux mots sont mitoyennes - aequitas pour la première et aequalis pour la seconde - l'opposition n'en est pas moins flagrante.

La comparaison avec le conflit vécu par Antigone et sublimement exprimé par les poètes tragiques grecs n'est pas ici déplacée.

C'est l'opposition, le conflit entre le jugement de la conscience libre et la normalisation de la conduite des hommes, entre les lois de la nature et celles de la cité.

Encyclopédies et dictionnaires sont clairs. L'équité est la *vertu* de celui qui possède un *sens naturel* de la justice, une justice *naturelle* ou *morale* considérée comme indépendante du *droit en vigueur* alors que l'égalité est ce qui *s'applique à tous*, dans les *mêmes* conditions, ce qui est constitué des *mêmes* éléments, dans le *même* domaine de définitions, c'est ce qui est *semblable* en nature et, en mathématiques (élément crucial pour des gestionnaires et leurs actuaires !), le constat que deux quantités égales à une troisième sont égales entre elles.

Dès lors l'équité, dans nos *systèmes collectifs* mathématiquement bâtis et gérés, doit être approchée avec prudence pour nos applications premières car reposant intrinsèquement sur *le subjectif et l'individuel*.

Pour autant, elle ne doit pas être bannie mais être prise comme un *correctif ponctuel d'environnement* (social et moral) qui selon l'époque, le contexte géopolitique, n'est pas toujours d'un maniement facile à court et moyen terme, convenons-en.

L'égalité, notamment de par son assise, sa démonstration *scientifique*, a le ⇨ mérite d'être *objective, lisible, mesurable par tous*.

Loin de nous l'intention de la fossiliser, pire de l'idolâtrer !

Ce n'est pas un hasard si dans notre devise nationale elle est encadrée par liberté et fraternité.

Dans cette association, son rationalisme scientifique est humanisé, modéré ; elle est ainsi vivante et vivace, en éclosion continue.

Nous entendons par là que les hommes de la Cité - certains parlent aujourd'hui de Communauté - ont le devoir, la *responsabilité* constante, de légiférer *en leur âme et conscience* afin que cette égalité ne porte pas atteinte *aux droits d'autrui* (liberté), dans le *respect intergénérationnel* (fraternité) des membres de la Communauté, de la Cité et de leurs familles, l'homme étant un "relieur de temps" (*Korsibski*).

Telle est notre réflexion, plus qu'une réponse à cinq pattes au questionnaire qui nous a été soumis sachant, à en croire le père Hugo, que "nous rêvons ce que rêva Adam". ■

Social

L'EUROPE CADROPHOBE

De Copenhague à Lisbonne et de Dublin à Athènes, le mauvais temps devrait persister sur l'emploi des cadres en 1994. Une dépression économique qui déprime plus qu'elle ne stimule les huit millions de salariés de l'encadrement que regroupe la Communauté européenne.

En 1993, comme en 1992, l'Europe a boudé les cadres. En effet, si 577.000 postes ont été pourvus, on enregistre au niveau de la Communauté 618.000 sorties, tous motifs confondus (démissions, licenciements, retraites).

Ce solde négatif de 41 000 emplois perdus incombe notamment à la France, au Danemark et à la Grande-Bretagne.

Cette dégradation a d'abord affecté la promotion interne, avec un chassé-croisé inattendu : contrairement à ses habitudes, la France a eu plus largement recours à l'interne tandis que l'Allemagne est devenue le premier recruteur des Douze.

Par ailleurs, la répartition des recrutements fait apparaître que près de la moitié des opérations concernent les commerciaux (26 %) et les ingénieurs de production (22 %). Les commerciaux ont eu les faveurs de l'Italie, de la France, de l'Espagne et de la Grande-Bretagne ; ils ont fait match nul avec les ingénieurs de production en Allemagne, en Grèce et au Portugal.

Le Danemark et l'Irlande ont prisé les gestionnaires. Quant au Grand-Duché du Luxembourg, il a capitalisé les financiers. Rien d'étonnant pour cet Etat-banque paradisiaque.

Quoi qu'il en soit l'emploi cadre a viré au rouge puisque dans l'ensemble de la CE les entreprises ont été plus nombreuses à réduire leur encadrement qu'à le renforcer. Autre observation : les hommes circulent moins que les capitaux.

Le nombre d'entreprises missionnant plus de trois mois des cadres chez leurs voisins a diminué, y compris de Belgique, du Danemark et d'Irlande, pays traditionnellement expatriateurs. Toutefois le Luxembourg a échappé à cet immobilisme, il fait même exception en doublant ses expatriés.

Sombre météo

Une entreprise européenne sur quatre envisage de réduire son personnel en 1994 et seulement une sur six pense le renforcer. En France, en Espagne et au Portugal, les prévisions sont plus pessimistes. Dans ces pays, les employeurs envisageant des réductions d'effectifs sont trois fois plus nombreux que ceux pensant créer des emplois. Mêmes prévisions noires avec des variantes selon les pays. L'Espagne, la France, l'Allemagne, la Belgique, le Portugal, la Grèce, le Luxembourg et la Grande-Bretagne poursuivent ou entament une décroissance. Par contre l'Italie et le Danemark devraient se stabiliser. Une éclaircie : la population cadre devrait croître en Irlande et aux Pays-Bas.

Faible mobilité

Sous de telles intempéries il est évident que les cadres s'enracinent. Ainsi sur cent cadres en activité dans la Communauté, quatre seulement changent volontairement d'entreprise. En plein développement de la précarité, ce réflexe humain est compréhensible. Mais n'est-il pas, à plus long terme, un risque d'enfermement intellectuel et professionnel, de repli sur soi social et culturel ? Il est temps que l'Europe parle avec le cœur et donne à chacun le travail et le salaire qui lui sont dus. ■

Social

JEUNE DIPLOMÉ
NE FAIT PLUS CE QUI LUI PLAIT

Actuellement, 1 403 000 étudiants reçoivent un enseignement dans les universités françaises, soit 92 000 de plus que durant la précédente année scolaire. Du diplôme à l'emploi et de l'emploi au statut cadre, vents favorables et contraires attendent les jeunes diplômés.

En 1993, près de 150 000 étudiants sont sortis diplômés de l'enseignement supérieur.

L'Université en a formé environ 120 000 et les écoles au moins 30 000.

Ces effectifs sont chaque année en constante progression, de même que ceux atteignant le bac et donc les inscriptions en faculté. Tous secteurs et entreprises confondus, les jeunes diplômés récoltent 30 % des recrutements cadres.

En Allemagne et Grande-Bretagne la part des jeunes diplômés embauchés comme cadres n'excède pas 10 %, du nombre de jeunes étant d'abord recrutés non-cadres et ne devenant cadres qu'après une certaine période probatoire. La spécificité française est très remarquable dans les secteurs technologiques, notamment l'électronique et l'aéronautique, avec une forte concentration dans les grandes entreprises. Là, l'embauche comme cadres des jeunes diplômés peut atteindre 80 %.

Dans le privé (champs d'investigation APEC dont s'inspire cet article) on observe qu'un jeune diplômé sur sept a été, en 1993, recruté directement au statut-cadre. Cette contre-performance est certes due à la conjoncture mais elle est aussi liée à des modifications structurelles ainsi qu'à des changements de comportements.

Des opportunités

C'est d'abord le recul de l'industrie, secteur dans lequel la relation diplôme/statut était fréquente notamment pour les ingénieurs. C'est ensuite la présence dans les entreprises d'une importante population de diplômés non-cadres, bataillon de réserve qui, armés de quelques années d'expérience, sont en meilleure position d'accès au statut cadre que les nouveaux jeunes diplômés. C'est enfin le comportement des recruteurs, lesquels ont une appréciation plus critique de la formation initiale, particulièrement dans les PME où les cadres confirmés sont préférés.

D'un récent séminaire organisé par l'APEC regroupant jeunes diplômés et responsables d'entreprise de secteurs porteurs, voici quelques flashes d'information.

Banque : la Banque aime les jeunes diplômés. Des opportunités existent pour les Bac+4 et +5 dans les métiers de l'exploitation.

Distribution : les jeunes diplômés, après un passage obligé sur le terrain, peuvent accéder à des responsabilités bien rémunérées.

Collectivités : Dynamisées par la décentralisation, les collectivités locales et territoriales recrutent. Mais il est toujours recommandé de passer le concours de la Fonction publique et d'être motivé et plein de projets.

Autre information : Dans la tourmente de l'emploi cadre, les jeunes issus des écoles de commerce et des écoles d'ingénieurs sont ceux dont les diplômes garantissent le mieux un débouché dans le privé. Philosophie, lettres, langues, histoire, géographie, sociologie ouvrent peu les portes du statut-cadre, même après trois années d'activité professionnelle. Idem pour biologie, mécanique fondamentale, physique, mathématiques et sciences naturelles. Mais il est vrai qu'aujourd'hui les portes sont souvent étroites et leurs serrures rouillées. ■ *(APEC, Association pour l'Emploi des Cadres)*

Social

RENVERSER LA TENDANCE

La protection sociale française porte en elle le passé culturel, économique et juridique de la nation.
Son contenu et son champ d'action semblent avoir atteint le top niveau puisque, à quelques rares exception près, elle couvre non seulement tous les Français, mais également les étrangers travaillant sur notre territoire, avec une capacité de prestations largement au-dessus de la moyenne des pays industrialisés.
Mélange d'apports chrétiens, laïques, mutualistes, étatiques, associatifs, elle est une riche mosaïque de structures et d'avantages répartis en deux sous-ensembles : secteur public et secteur privé.

Le privé est presque toujours l'innovateur, local ou catégoriel, alors que le public, progressivement ou par décisions brutales (ordonnances, nationalisations) absorbe et centralise au fil des siècles et des régimes les réalisations effectuées par le privé.

Ce constat vaut pour la santé, la famille, la vieillesse, l'emploi, au sens donné aujourd'hui à ces différents domaines et systèmes.

Il faut oser renverser la tendance afin de libérer l'initiative privée (individuelle et collective) et délimiter l'intervention publique à l'indispensable pour tous.

Pour ce faire, l'Etat, c'est-à-dire la nation, doit, par voie parlementaire et législation fiscale notamment, définir et assurer à tous les nationaux et, par aménagements spécifiques, les ressortissants de la Communauté européenne, éventuellement les étrangers : - une prévention sanitaire et l'accès à des soins de haut niveau prioritairement pour les risques lourds ;
- une aide financière et culturelle aux familles, favorisant l'équilibre démographique ;
- des revenus de retraite aux anciens travailleurs salariés et non-salariés, calculés par référence à la carrière de chaque citoyen et de sa contribution, ce qui exclut l'octroi d'avantages "gratuits" ;
- des revenus d'attente à la population à la recherche du premier emploi, attribution sous certaines conditions de ressources personnelles et familiales ;
- des mesures d'incitation économiques s'inscrivant dans le cadre des 22 régions plus les DOM et les TOM, en tenant compte des particularités de chacune des 100 activités définies par l'INSEE.   ⇨

Dans le secteur privé, distinguons l'initiative collective de l'initiative individuelle.

En collectif, les partenaires sociaux, acteurs à privilégier, ont à relancer une politique contractuelle, régionale et par branche professionnelle. Objectif : compléter, suivant les besoins de chaque groupe et ses possibilités financières, les garanties minimales du secteur public, en évitant de vouloir réglementer les cas marginaux et trop personnalisés qui doivent relever de l'aide sociale ou de l'initiative individuelle.

En individuel, redonner à chacun le goût à s'assurer auprès d'un organisme librement choisi, pour les risques qui lui sont particuliers ou non couverts par le secteur public et le secteur collectif (ex. situation familiale à mariages multiples, accidents sportifs ou domestiques).

Qu'il s'agisse du public ou du privé, du collectif ou de l'individuel, il est urgent de se débarrasser des schémas culturels révolus.

L'orphelin, le conjoint survivant, la mère chef de famille "isolée", l'étudiant, le retraité n'ont plus rien à voir, physiquement, socialement, intellectuellement avec ceux de 1886 et même ceux de 1946.

Aussi convient-il d'actualiser les réglementations et d'en projeter de nouvelles en photographiant exactement la situation contemporaine de l'homme, de la femme et de l'enfant aujourd'hui en France.

Cela nécessite du courage, de la prudence, une information très claire, sur les intentions et les buts recherchés, du réalisme avec toujours ce supplément d'âme qui nous caractérise.

En 1980, chaque Français a dépensé en moyenne 3 815 F pour se soigner (qu'il ait lui-même versé cet argent, que celui-ci ait été versé par la collectivité) : une dépense 1,8 fois plus forte qu'en 1970, en francs constants. ■

Social

55 ANS LE BEL AGE

Phénomène hivernal inattendu la baisse de température a déclenché une baisse de l'âge de la retraite dans l'esprit d'un bon nombre de salariés. Du spontané ? Du provoqué ? Le débat est ouvert.

On dit de la France qu'elle est le pays de Descartes et que son climat est tempéré. Le gel persistant de cet hiver et l'impromptu de la retraite à 55 ans en plein débat sur les plans d'épargne retraite (PER) ont de quoi faire douter géographes et actuaires.

Quoique, après une observation moins réactive et immédiate, y a-t-il vraiment dérèglement dans cet événement chaud d'une saison froide ? Pas certain.

Effet boomerang

Depuis le mitan des années 70, un phénomène nouveau et contagieux a fait se dissocier la sortie de l'entreprise et l'entrée en retraite, événements jusqu'alors simultanés.

Vingt ans après l'apparition de ce microbe virulent, seulement un postulant à la retraite sur deux est en réelle activité la veille de son basculement dans le monde des pensionnés.

Rarement heureux, souvent malheureux, chômeurs, préretraités multiformes, inactifs divers (exemple : femmes anciennes salariées), préretraités progressifs... sont dans les salles d'attente variées de la retraite, sans aucun espoir sérieux d'un quelconque retour au travail.

Est-il alors excessif de considérer que déjà, et y compris certains bénéficiaires des régimes spéciaux et particuliers, c'est la majorité de la population âgée de 55 à 59 ans apte au travail qui est aujourd'hui, clairement ou par assimilation, en situation de retraite, et parfois même et de plus en plus souvent bien avant le 55ème anniversaire ?

Dès lors, on comprend mieux l'envie des collés de rejoindre sans plus attendre leurs collègues dans la grande cour de récréation. Surtout quand des managers laissent entendre que dans l'entreprise on vieillit tôt alors que, paradoxalement, l'espérance de vie ne cesse de croître.

La retraite à 55 ans généralisée semble bien être l'un des effets boomerang des plans dits sociaux chaque jour plus nombreux et plus rudes.

⇨

Bien au-delà des aspects financiers, évoqués plus loin, et d'éléments techniques pour initiés, il nous faut avant toute initiative et positionnement instinctif, réfléchir collectivement et individuellement sur les profonds changements de vie, de société qui découleraient de telle ou telle autre décision.

Additions et soustractions

La CFTC est favorable à l'accès à la retraite fonction d'une durée d'activité et non par la porte étroite d'un âge-couperet. Elle préconise aussi une harmonisation, tout au long de la vie active, des temps professionnels et de formation, des temps libres, civiques et associatifs, des temps réservés à la famille.

Il y a là, dans cette orientation pragmatique et humaine., un large champ d'investigations et d'innovations. Même si fait rage la bataille des chiffres sur une généralisation éventuelle de la retraite à 55 ans. Mais quels chiffres ?

La CNAV (Caisse nationale d'assurance vieillesse), parle de 3 millions de retraités supplémentaires et d'un million de cotisants en moins. Ses charges grossiraient de 117 milliards de francs, nécessitant un taux de cotisation de 23,35% au lieu de 16,35%.

L'AGIRC (Association générale des institutions de retraite des cadres), évalue une perte de cotisations de 8,4 milliards de francs et une charge d'allocations de 27,7 milliards de francs, soit un impact global de 36,6 milliards de francs chaque année.

L'ARRCO (Association des régimes de retraites complémentaires) estime quant à elle l'incidence de cette opération à près de 50 milliards de francs annuellement en période de croisière.

La note à payer serait donc de l'ordre de 200 milliards de francs, pour les trois composantes des revenus de post-activité. Ce chiffrage approximatif est contestable et contesté par certains experts.

Ces derniers, tout en reconnaissant la difficulté de l'exercice prévisionnel, remarquent que les projections prennent insuffisamment en compte les économies réalisées par ailleurs dans l'assurance chômage, d'où sortiraient, selon eux, plus de 500 000 chômeurs transformés du même coup en cotisants.

Ils considèrent aussi le scénario catastrophe des trois mousquetaires de la retraite comme manipulé dans la mesure où il est envisagé de voir tous les 55-59 ans prendre d'emblée leur retraite, ce qui néglige la diversité des situations et des comportements des intéressés ainsi que la durée variable de l'activité passée de chacun.

Autre inconnue : faudrait-il toujours 160 trimestres d'assurance vieillesse pour obtenir ses retraites sans abattement ? La CFTC, lors de son dernier congrès, a manifesté un retour aux 150 trimestres... A ce stade, il est utile de signaler qu'en ARRCO la retraite moyenne provient de 28 années validées pour les hommes et de 20 années pour les femmes. Cette référence de calcul de la pension est de 24 années de service cadre à l'AGIRC.

A 55 ans, ces durées chuteraient de cinq années produisant une réduction proportionnelle des allocations.

Indirectement, inconsciemment peut-être, cet appauvrissement, volontaire ou subi, favoriserait sans doute l'épargne individuelle de substitution. Un aspect inattendu dans cette recherche initiale de mieux être social pour tous.

On le voit, une étude analytique complète doit être menée, en large concertation, avant toute décision à chaud, même en hiver. ■

Débats

RÉFORMER SOLIDAIREMENT
Le rapport Charpin

La publication du rapport Charpin a relancé le débat sur l'avenir des retraites en France. Les 7e rencontres parlementaires sur la protection sociale ont permis à différents acteurs et gestionnaires de nos systèmes de retraite, de réagir à la fois au diagnostic dressé par le Commissaire au Plan et de proposer leurs propres pistes de réforme.

Présidées par l'ancien ministre Claude Evin ces rencontres se sont tenues à Paris le 20 mai. J'ai participé à la table ronde sur le thème "régimes complémentaires et surcomplémentaires : affirmer la dimension de solidarité".

Si la succession rapide des multiples orateurs a nui à l'importance accordée au débat, cette journée aura eu néanmoins le mérite de poser la problématique de l'articulation réforme et retraite. Malgré le manque de courtoisie de l'animateur François de Witt, l'auditoire a pu apprécier la qualité des interventions. Telle celle de Georges Bouverot, vice-président de l'ARRCO qui a débuté son exposé clair et lucide en affirmant : "*Toute espèce qui entend survivre doit évoluer.*" !

J'ai salué le travail de reconnaissance statistique et d'analyse de l'existant effectué par le commissariat général au Plan. J'ai regretté toutefois que ce rapport manque d'optimisme et se limite à des projections exclusivement comptables, aux durées de cotisation ou aux 45 années de cotisations que le Patronat propose pour le droit à la retraite pleine.

Notre économie est puissante. A quoi serviraient ses performances sans un retour sur investissement pour les salariés qui en sont tes principaux acteurs ?

J'ai insisté sur la dimension avant tout politique de la question des retraites, j'ai souhaité que la concertation complémentaire annoncée par le Premier Ministre débute rapidement et soit efficace.

Pour nous l'avenir de la retraite, c'est l'avenir de la jeunesse. Sans jeunesse pas d'avenir. ∎

ENTRETIENS, PORTRAITS, HOMMAGES ET RENCONTRES

Entretien

UN CHOUAN CONTRE SA MAJESTÉ

Royaliste depuis ses 16 ans Bertrand Renouvin participe pour la deuxième fois aux élections présidentielles.

Sans complexe pour les 0,17 % obtenus en 1974, il récidive pour "expliquer qu'est-ce qu'être royaliste pour la France d'aujourd'hui."

Ce docteur en sciences politiques, aux traits de Jacques Dutronc, dirige la Nouvelle Action Royaliste, dissidence de l'Action Française. Il est marié, père de deux enfants, fils de Jacques Renouvin compagnon de la libération, chef de réseau arrêté par les Allemands et mort en déportation.

Son programme :

Rompre avec le libéralisme incarné par Valéry Giscard d'Estaing, rassembler les français en réconciliant république et monarchie.

- *Un royaliste aux présidentielles n'est-ce pas une contradiction ?*

– Non, nous sommes dans une constitution monarchique. Le Général de Gaulle était capétien dans sa politique et monarchique dans sa conception institutionnelle.
On retrouve dans la constitution les idées de la monarchie : unité du pouvoir face aux partis, arbitrage, indépendance.
Tout régime est un mélange de monarchie et de démocratie.

- *Que pense un royaliste des 500 signatures, et où en êtes-vous aujourd'hui dans cette épreuve ?*

– Un parrainage malus large est imposé, c'est concevable. Est scandaleux le fait que par trois fois les modalités d'obtention des signatures ont été modifiées pour décourager les marginaux, en contradiction avec le Conseil Constitutionnel.
Il y a des pressions préfectorales sur les élus, du chantage aux crédits.

Les petits candidats font des "éliminatoires" devant un corps électoral restreint ne votant pas à bulletin secret, contrairement aux principes généraux du droit politique.

- *Où en êtes-vous dans votre course au parrainage ?*
- J'ai 450 signatures. La difficulté est de trouver les 50 dernières. Rien n'est joué, j'ai de bonnes chances de réussir.

- *Qui finance votre campagne ?*
- C'est une campagne des plus pauvres. Le PSU, tout à son honneur, a publié son budget qui s'élève à 70 millions. Nous, c'est 7 fois moins. Donc une campagne avec de petits moyens pour rester libres des puissances d'argent. Cela limite nos activités mais permet de dire ce qu'on a envie de dire et de se déterminer librement au second tour.

- *Un candidat royaliste libre pour quelle politique économique, sociale, nationale ?*
- J'expliquerai pourquoi être royaliste aujourd'hui en présentant un projet économique et social.

LA RÉVOLUTION TRANQUILLE

- **Un manifeste de plus ?**
- Tout candidat publie son manifeste. Le mien, intitulé "La Révolution tranquille", paraîtra dans quelques jours et parle de ce qu'il y a de commun entre Français : l'exigence de justice et de liberté. On désigne des ruptures et indique les révolutions possibles par un pouvoir indépendant des partis. Les ruptures ? D'abord avec le libéralisme économique. L'aggravation du chômage est dû à l'insertion de la France libérale dans un monde qui ne l'est pas, où les nations riches se livrent une concurrence sauvage nuisible aux nations les moins protégées.
C'est le cas du Japon avec l'Automobile.
La première mesure pour contrer le chômage est de protéger certains secteurs tels que l'automobile, la sidérurgie, le textile.
Le deuxième point, la Justice. Une société de chômage est une société d'injustice. C'est aussi la liberté de l'État face aux groupes ⇨

financiers et économiques et la liberté du citoyen et des entreprises par rapport à ces mêmes puissances et à l'Etat.

Il faut nationaliser les groupes importants afin d'éviter qu'ils ne pèsent sur l'Etat, nationaliser pour préserver la liberté d'entreprendre puisque leur stratégie de racheter le maximum d'entreprises tue cette liberté.

Protéger la liberté du citoyen : Quand un groupe comme MATRA s'empare de HACHETTE, on peut être inquiet pour la liberté d'expression.

Mais je me sépare du PS, car je pense nationaliser sans étatiser, par le retour à la nation des forces productives accompagné d'une autogestion sans parti sous-marin. Je redoute que ce soit le cas avec le PS et ses intérêts de clientèle. Autre point majeur : la citoyenneté, encore la question de la liberté.

Les royalistes ont toujours été pour la régionalisation. Elle s'impose. Sans elle, nous aurons la violence et un problème d'unité nationale qu'aggravent les jacobins et les libéraux, comme Giscard. Il faut repenser les relations entre le peuple et le pouvoir.

Je pense au nucléaire qui ne doit pas être l'affaire des groupes de pression. Il faut demander l'avis des citoyens préalablement informés.

- *Sur le nucléaire, pour ou contre, ou un moratoire ?*

— Le programme nucléaire est très avancé. On peut penser au moratoire. On invente de nouvelles techniques que lorsqu'il y a contraintes ; on opte pour le nucléaire, contraints par les difficultés d'approvisionnement pétrolier.

Quand on pose une technique, on ne sait jamais quel sera le mode de société qui en sortira. Dans un premier temps, la technique libère : c'est vrai pour l'électronique, le nucléaire, l'automobile, la machine agricole. Dans un second temps, on s'aperçoit que cette technique rencontre des limites infranchissables sans le recours à d'autres techniques.

Avant que ces limites soient atteintes, il y a modification de la société sans qu'on l'ait décidé : la machine agricole a modifié la société paysanne traditionnelle, l'automobile l'urbanisme des villes, les habitudes sociales (weekend, etc....).

L'électronique modifiera notre mode de vie. Je voyais à Nantes la ⇨

grève de 40 jours des employés inquiets, à juste titre, de trop travailler sur des écrans mettant en péril leur acuité visuelle. Quant au nucléaire, c'est pour des raison de stockage d'énergie impossible qu'EDF incite les industriels à ouvrir leurs entreprises le dimanche et la nuit avec répercutions sur les conditions de travail et familiales. Je suis partisan d'un référendum pour choisir le mode de développement qu'on désire.

GISCARD A CHOISI DE RENFORCER LES INÉGALITES

- *Pour cette société et ces conditions nouvelles de vie, quelle éducation nationale avec quelle part de laïcité ?*
- La France a la spécialité des combats centenaires. Dans 50 ans, on se battra encore autour du Maréchal Pétain. La Gauche a une tradition laïcarde de 1905 qui lui est nuisible et contradictoire avec l'idée de liberté qu'elle affirme.
La liberté de l'enseignement doit être un principe reconnu. Je suis pour les écoles catholiques et d'autres confessions, les écoles sauvages.
On observe une faillite, un enseignement de plus en plus divisé, un enseignement pour la caste des riches et un pour les autres. Il y a là l'esquisse du 8ème plan : une société duale avec une formation pour le tout-venant et une formation pour les élites sociales.

Giscard a choisi de renforcer les inégalités.

- *Abordons la politique extérieure de la France. Quel est votre regard sur les événements récents ? Quelles sont vos orientations ?*
- Deux politiques sont possibles : vers les Etats Unis, l'Europe du Nord, éventuellement l'URSS, et une politique méditerranéenne. Sans rompre avec les Etats-Unis ni avec l'Europe, il faut reprendre le projet capétien de De Gaulle d'une France indépendante fédérant autour d'elle les nations opposées à l'impérialisme.
Rien de semblable aujourd'hui. On s'intéresse peu et mal au monde arabe, d'où nos difficultés avec Kadhafi ; on joue les mauvaises cartes, en particulier avec Sadate, prisonnier des Américains. On soutient Bokassa qui déconsidère, par ses singeries, les chefs d'états

africains ; on s'octroie une chasse gardée pour les réjouissances présidentielles mais on laisse aux Américains, moins compétents, les affaires sanitaires de ce pays. Leur influence est détestable, comme, au Cambodge où ils se sont conduits en cow-boys chez les Indiens. C'est aussi le cas en Amérique latine.

Il n'y a pas de politique française. Des clins d'œil à Moscou quand il faut être ferme et des alignements hypocrites sur les Etats Unis contraires à nos intérêts. Un jeu de la France est possible avec les pays francophones, les pays qui cherchent une troisième voie. Ce jeu n'a de chance que s'il y a des amitiés, un fond commun culturel, des échanges fondés sur la complémentarité.

Cette direction est méditerranéenne, mais aussi américaine vers le Québec et l'Amérique latine.

Et le drame du Marché Commun, technocratique, c'est d'avoir voulu une solidarité avec des économies nationales vouées à la guerre. Drame supplémentaire : avec l'Espagne et la Grèce, on a provoqué des xénophobies à l'égard de pays proches par des liens spirituels.

JE N'EXCLUS ABSOLUMENT PAS LE VOTE POUR MITTERRAND

- *Vous faites référence au gaullisme. Si Jacques Chirac se plaçait bien au premier tour au second votre choix serait plus aisé qu'en face d'un duel Giscard-Mitterrand. Quelle sera l'attitude de l'électorat royaliste ?*

– De Gaulle ce n'est pas le gaullisme, encore moins le parti gaulliste qui lui a coûté cher après les présidentielles de 1965.

Dans une confrontation Giscard-Mitterrand, on n'appellera pas à voter Giscard. Reste l'abstention, comme en 1974, ou le vote pour Mitterrand.

Je n'exclus absolument pas le vote pour Mitterrand, je ferai connaître ma position entre les deux tours.

- *Un Chouan dans la bataille ?*

– Chouan, cela ne me déplaît pas. La Chouannerie a été notre seule insurrection populaire. Le royalisme doit garder cet esprit et non s'enfermer dans une école dogmatique.

Nous avons réalisé à la Nouvelle Action Royaliste (NAR) une confluence de traditions. Il y a des Chouans, des Gaullistes qui ont compris la logique de la pensée gaullienne et des Gauchistes qui ont découvert que le pouvoir indépendant est l'outil des aspirations à la justice, à la liberté et aux révolutions nécessaires.

Nous ne voulons pas reproduire les querelles du passé et nos éternelles guerres civiles.

Nous pensons possible la réconciliation de nos deux traditions, la républicaine et la monarchique, vœu profond du Général de Gaulle et du Comte de Paris. ∎

Entretien

SANARY, QUI ES TU ?

Nous avons rencontré notre ville et lui avons demandé de se présenter ce qu'elle a accepté.

" Je suis une ville française située sur la côte provençale entre Marseille et Toulon.

Ensoleillée 300 jours par an, je suis une station balnéaire et hivernale fréquentée depuis plus d'un siècle par de nombreux touristes parmi lesquels des artistes et des écrivains.

Je suis le berceau de la plongée sous-marine, Cousteau et ses compagnons y ayant fait leurs premières expériences.

Je compte 17 348 habitants (2 fois plus qu'en 1968) dont 50% de femmes.

Un habitant sur deux à plus de 60 ans ce qui marque la composition, l'activité et les revenus des ménages (ménage = ensemble des personnes sous le même toit).

Ma population progresse peu - trois fois moins de naissances que de décès - le renouvellement s'effectuant surtout par l'arrivée de seniors. D'où un habitant sur deux est sanaryen depuis moins de 10 ans.

Sur100 familles 65 n'ont pas d'enfant, seulement une en a 4 ou plus, 19 en ont un, 13 deux et 2 trois. 40 % des ménages vivent en maisons individuelles. Mon parc immobilier contient de plus en plus de résidences secondaires, environ un tiers.

Chez les 15/64 ans le taux d'activité est de 72 % concentré dans les petites entreprises (BTP, transports, services, commerce).

Le revenu mensuel moyen est de 2 500€ avec de forts écarts (ouvrier 1 700, cadre 4 300).

Le taux de chômage est de 13% et celui de la pauvreté de 11%.

Et oui, il n'y a pas ici que de riches retraités comme trop souvent colporté.

Point noir : l'encours de ma dette : près de 61 millions d'euros alors que la moyenne des villes de 10 000 à 20 000 habitants n'est que de 11,5 millions. Une ardoise d'environ 3 000€ pour chaque sanaryen.

Autre faiblesse, la sécurité : 2 826 délits et crimes dont 50 % de vols et dégradations.

Enfin permettez-moi d'émettre un souhait, celui de pouponner davantage car une ville vieillissante s'arthrosie et moi je veux rester active et belle."

Merci Sanary. Cet autoportrait nous fait mieux vous connaître et vous aimer encore plus. Mais peut être auriez-vous intérêt à changer de gestionnaire. ■ *(Illustration de Marie-Diane Cottereau enfant)*

Portrait

AH LES FEMMES !

Au joli mois de mai je préfère le féminin mois de mars pour son 8ème jour, journée mondiale où gentes dames et militantes damoiselles rappellent aux machos retors combien il est grand temps de briser le plafond de verre.

Alors visitons ensemble la cité des femmes et rencontrons, au hasard des talents, quelques-unes d'entre elles.

Juliette BINOCHE - Elle a ouvert cette année le 13ème "Printemps des Poètes" qui, en France et 60 pays, se manifeste par plus de 15 000 événements et attire de plus en plus de participants, notamment des jeunes au travers d'animations en milieu scolaire. L'actrice sera cet été "Mademoiselle Julie" de Strindberg au Festival d'Avignon.

Vicky MILON - Au bar de l'hôtel Hyatt Paris-Vendôme elle vous shakera son cocktail préféré "Le Brandy Mule" : 4cl de cognac, 2cl de miel, 2cl de citron vert, 1,5cl de ginger cordial, 1cl de liqueur de cannelle, 2cl de Canada dry (ou de ginger beer).

Chantal THOMAS nous provoque avec son parfum "Osez-moi" merveilleusement présenté dans un flacon au design de collection.

RAYHANA - Comédienne et auteur, Rayhana nous raconte dans son livre "Le prix de la liberté (Ed. Flammarion) sa vie de femme algérienne soumise aux brutalités physiques et morales, ses révoltes. Elle a, souvenons-nous, été agressée en plein Paris en lâches représailles pour ses écrits et prises de position.

Emma BECKER n'a pas attendu le nombre des années (elle a 22 ans) pour oser demander (et vivre) tout ce qu'elle voulait savoir sur le sexe. Son "Mr" édité par Denoël nous relate ses relations intimes et chaudes avec un homme de 42 ans. A coup sûr une jeune femme libérée qui, après ce stage initiatique, devrait maintenant nous livrer son intégralité.

Susheela RAMAN - Cette sublime chanteuse anglo-tamoule sait, avec une extrême sensibilité, vous faire croire qu'elle ne chante que pour vous. Rassemblant des compositions où s'allient en harmonie des musicalités indiennes et occidentales, son dernier album "VEL" (le vel est un javelot légendaire) est un cadeau des Dieux.

MARIA - Passer à Megève sans goûter, déguster les crêpes exceptionnelles de Maria, c'est comme visiter Paris sans l'admirer du dernier étage de la Tour Eiffel. En bonne place depuis plus de 30 ans et toujours vive et accueillante, demandez-lui la crêpe "marronniers" (chocolat chaud, glace vanille, amandes). On y gourmande aussi une raclette après-ski ("Chez Maria", 18 impasse du Chamois, Megève).

Rachida KHALIL - Trop française au Maroc (son pays natal), trop marocaine en France, l'audacieuse Rachida interprète, en woman-show, des personnages qui irritent les uns, font rire à en pleurer les autres. Une comédienne dont le spectacle "Une si belle époque", tout comme le précédent "La vie rêvée de Fatna" libère des peurs et des préjugés.

Nadine FERRAND - Elle fait partie de ces femmes qui aujourd'hui sont à la tête d'une exploitation viticole sur quatre. Son Pouilly-Fuissé devrait séduire les mecs, même le dernier quarteron de ceux qui estiment que vin et féminin sont comme l'eau et l'huile, ça ne se mélange pas (Domaine Nadine Ferrand - 71960 Solutré-Pouilly - Tél. 03 85 35 86 05).

Laurie MAILLARD - Polytechnicienne (promo 74) elle est la seule et unique femme dirigeant l'un des 15 groupes de Protection Sociale complémentaire, le Groupe Mornay, classé dans le peloton de tête de ce secteur paritaire, faible en parité puisque féminisé à la base et misogyne au sommet. Après une brillante ascension dans l'Assurance elle a, en quelques brèves années, redonné de l'ambition à Mornay notamment sur le marché très concurrentiel des complémentaires collectives santé.

Irini CHENOUDA - Cette sœur de Notre-Dame des Apôtres en mission à Neguéla (Egypte) fait part à l'Œuvre d'Orient de "(sa) joie de vous annoncer l'ouverture d'une communauté Notre Dame des Apôtres dans le village de Néguéla, aux alentours de Sohag, à 520 km au sud du Caire. C'est une mission gratuite de première évangélisation, dans un village négligé à tous points de vue, auprès de gens ruraux très pauvres. Un village qui a besoin de justice, de paix et de réconciliation, surtout auprès des femmes et des jeunes filles soumises et qui n'ont aucun droit dans la société. Travailler à la dignité de ces femmes sera notre premier objectif. Une des deux Sœurs est infirmière et, tout doucement, elle démarre un petit dispensaire et une pharmacie ambulante". Un témoignage émouvant en ces temps de discorde et de violences.

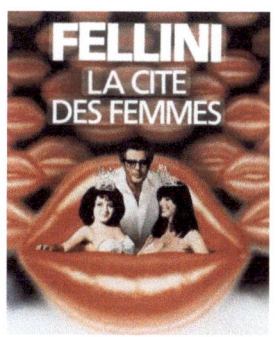

Les Femmes Savantes - Rien d'étonnant à ce que nous terminions cette oscardisation, toute personnelle, par Molière qui, comme Mozart à l'Opéra, a su donner leur place aux femmes. Ici, Molière exprime l'aspiration des femmes à bousculer, renverser l'ordre masculin mais, aussi, le mépris pédant de ceux qui savent pour les ignorants. Mis en scène par Marc PAQUIER, cette comédie classique, qui pourrait être plus courte, poursuit sa tournée. Elle sera le 5 avril à St Quentin, le 8 à Suresnes, le 14 à Carcassonne et du 19 au 24 à Bordeaux, aux Célestins.

Ainsi s'achève cet original voyage en la Cité des Femmes. Souhaitons que de printemps en printemps leur floraison s'agrandisse et bouscule l'empire des Hommes, empire car tout empire est dictature. ∎

Portrait

DELPHINE
Apprentie journaliste

Penchée sur la feuille blanche, bras gauche en arc boutant de sa tête, cheveux blonds mi court, elle rédige un "portrait", de qui ? D'un chaton, d'un poisson exotique ou d'un chanteur dans les couloirs du métro ?

Son écriture n'est pas assez caressante pour une boule féline et elle aime trop la musique des mots (sa façon de fumer est une véritable ponctuation, souple et bien placée) pour s'immobiliser des heures devant un aquarium même si quelques bulles d'air chuchotent par instant.

Un chanteur dans les couloirs du métro voilà sa cible ce soir, sa cible car son trait de plume est aussi trait d'arbalète, plus par jeu que par volonté de blesser.

Delphine aurait tort de s'en priver. Son travail est secret et le demeura : son article ne paraîtra pas, ne sera pas lu par le vagabond qu'elle capture et épingle comme un papillon.

Elle prend une autre page, et sa main s'arrête, se repose puis guide à nouveau son stylo.

Encore quelques mots, quelques bouffées de fumée et le récit du chanteur inconnu fera un feuillet, calibré au mieux tout en gardant l'originalité des choix dans les caractères et de la mise en page imaginaire.

"Delphine imagine plus qu'elle ne rédige" me confie son voisin de table. ■

Portrait

ALEX TÜRK

Originaire de Roubaix, Alex Türk est Maître de Conférences et professeur de droit public à l'université catholique de Lille. En 1992, il est élu Sénateur du Nord (non-inscrit) et est réélu en 2001. Aujourd'hui Président des CNIL Européennes (comprenant 27 pays), il a été dans le passé membre de l'autorité de contrôle de Schengen, conseiller technique au Cabinet du Garde des Sceaux et du ministre de la Justice.

Le début du système de fichage commence dans les années 70. En 1974, un projet nommé SAFARI (Système Automatisé pour les 'Fichiers Administratifs et le Répertoire des Individus) a été créé. Il soulignait les dangers de certaines utilisations de l'informatique et faisait craindre un fichage de la population. Le gouvernement a donc décidé de créer une Commission pour garantir le développement de l'informatique dans le respect des libertés individuelles et des libertés publiques. Aujourd'hui la CNIL est "inondée" de plaintes. Cependant, un point noir est à noter, la CNIL française manque d'effectifs (130 employés) et de moyens, elle a un budget inférieur à celui d'autres pays européens tel que l'Allemagne (400 employés) ou la Grande-Bretagne (300 employés). Elle relève du Ministère de la Justice. ∎

CNIL : Commission Nationale de l'Informatique et des Libertés

Rencontre

BATMAN OU FIGARO.

Aux côtés de Roger Coggio depuis quelques années, Fanny Cottençon milite avec toute son intelligence souriante pour le cinéma populaire. Les lignes qui suivent résument l'entretien qu'elle m'a accordé à notre magazine.

Après "Les fourberies de Scapin", "Le bourgeois gentilhomme", "Les fausses confidences" et "Le journal d'un fou", est sorti à l'automne dernier "La folle journée" ou "Le mariage de Figaro", pièce prérévolutionnaire de Beaumarchais.

L'œuvre est somptueusement montée par Coggio et interprétée par lui-même, Fanny, Laforêt, Girard, Galabru, Lefebvre, Line Renaud, Préboist, Carrel et 700 figurants. Budget : un peu moins de 40 millions de francs, à peine 6 % du budget de Batman ou encore seulement 40 % du coût publicitaire de ce dernier.

Du grand théâtre sur grand écran pour tous publics, bravo.

La réalisation repose sur un principe original de participation active. Collectivités locales, associations et entreprises, comités et groupes divers se joignent au financement devenant acteurs dans la création, la diffusion. Ils auront aussi la primeur des images.

Un accompagnement culturel (visites du plateau, bulletin d'informations, conférences, etc) se déroule avant, pendant le tournage. Et la sortie s'effectue simultanément dans les grandes salles parisiennes et les salles des associés.

Cinéma populaire, c'est la reprise par Coggio du précepte généreux de Vilar au TNP "*...apporter au plus grand nombre... le pain et le sel de la concurrence...*"

Des projets ? Roger Coggio et Fanny Cottençon en ont plein la tête et le cœur. Un Lorenzaccio ? Succès assuré dans cette décade passionnante nous menant à l'autre millénaire. Foncez ! Mais aujourd'hui Figaro doit lutter contre Batman.

A.C.P. les Amis du Cinéma Populaire 5, rue Lincoln 75008 Paris. ■

Rencontre

FIGURINEZ VOUS

Jacques Cornu vit en duplex : fleuriste au rez-de-chaussée dans sa boutique du boulevard Voltaire à Paris, peintre sur figurines historiques au premier étage, dans un atelier ou pactisent dans le même plomb, vendéens armés de fourches et soldats bleus de la république.

Les peintres sur figurines professionnels se comptent en France sur les doigts d'une main.
Parmi eux Jacques Cornu, spécialiste des guerres de Vendée, des Chouans arborant à la poitrine, sur carré blanc, le cœur rouge surplombé de la croix. Des modèles souvent uniques, commandés par l'historien Jean-François Chiappe et le députée André Vivien.

Au commencement un artiste, un graveur, une ébauche en plastiline (pâte à modeler), puis l'empreinte sur bois, le moulage du plomb par centrifugeuse comme pour fabriquer les bijoux fantaisie.
"J'assemble tête, tronc, bras, jambes, vêtements et armes, par soudure au bismuth. Et la figurine se dresse sur son socle de bois, prête au premier apprêt, gris ou blanc, par aérosol." me dit Jacques.
Avec une laque rapide très diluée sont ensuite traités, en tons définitifs, l'habit, les cheveux et les parties chair qui demeureront nues.

Puis le travail le plus minutieux s'engage. Dans une peinture à l'huile pour tableaux extra fine et *"des pinceaux fins comme des cils de femme"* la décoration complète durera près de huit heures.
"Tout est dans les ombres et les lumières, les nuances dans les plis, les rondeurs, les yeux si difficiles à réaliser bien que moins ardu qu'en figurines plates."

Napoléon toujours premier

La figurine plate est une spécialité d'outre-Rhin. D'un seul tenant, découpée en silhouette, sans volume, elle présente de face le personnage, son visage, son habit, et sur l'autre flanc l'image arrière, de dos.

En France, aux U.S.A., en Grande-Bretagne, principaux pays fabricants et collectionneurs, la figurine en "ronde bosse", à trois dimensions, l'emporte sur la figurine plate, chacune ayant ses partisans farouches.
"Dans cette bataille de soldats de plomb, en ronde bosse ou en plate, Napoléon est toujours le premier. De New-York à Tokyo, la Grande Armée,

ses cavaliers, ses grognards, ses chefs d'escadrons et de batteries sont en tête du hit-parade, avec 70 % des ventes."

Même les Anglais, avec leurs nouvelles collections de l'époque élisabéthaine et des guerriers zoulous s'inclinent devant l'empereur.
Quant aux Yankees et Confédérés, ils s'exportent peu bien qu'aimés, mais en plastique et plaque de dix en supermarché, par les enfants westernisés. Le prix est sélectif. D'où une clientèle d'adultes et de classes moyennes et non d'écoliers rêvant de franchir le Potomac ou le pont d'Arcole.

Rares sont les magasins consacrés exclusivement à cette vente. Un seul à Paris "Le Cimier" (du nom de l'ornement des casques de hussards et de la garde républicaine).

La figurine de 54 mm - des pieds aux yeux, telle est la toise - vaut deux cent cinquante francs, celle de 90 mm, quatre cents, et les cavaliers chevauchent de six cents à huit cents francs.

Pour surmonter l'obstacle financier, une solution qui est "*un enseignement du travail bien fait et de la patience*" : acheter des figurines en vrac, les monter et les peindre soi-même.

"*Ces peintres amateurs sont des amis non des concurrents. Je les retrouve dans des associations. Tôt ou tard, leur goût pour la figurine les amène à acheter, comme dans tous les arts, des objets cotés.*"

"Etre figurine"

La mode est née dans les années soixante, quand une marque de café "Mokarex" glissait dans ses paquets des personnages plastiques à peindre pour jeux d'échecs.

"*Moi, comme bien d'autres, j'achetais le café pour la figurine.*"

Aujourd'hui, les magasins de jouets présentent tous des figurines à peindre. Un fabricant "Historex" domine le marché avec une collection à 90 % sur le premier empire.

Les drapeaux de l'Ancien Régime, des Grecs et des Romains, des Teutons et des musiciens apparaissent de plus en plus dans les vitrines.

"*Des revues comme UNIFORMES, en vente dans kiosques, et chez CASTERMAN : UNIFORMES et ARMES, sont des documentations pour un travail sérieux. A l'imagination, l'expression du regard qui fait vivre l'immobile.*"

Fin des fins : être figurine, commander à un graveur sa propre traduction dans le plomb, celle de ses parents et amis. Plaisir des uns, rêve des autres, au gré d'un portefeuille à marée haute ou basse.

Plastique ou de plomb, plate ou en ronde bosse, à peindre ou prête à exposer "*la figurine historique détend plus qu'elle n'incite à guerroyer.*"

Enfin, des soldats pacifiques. C'est Noël. ∎

Rencontre

HELEN DA COSTA
FAIT ESCALE A PARIS

Des Seychelles aux pierres précieuses, Hélène da Costa voyage à la rencontre d'elle-même. Une escale à ne pas manquer.

"*A quatorze ans je voulais être journaliste*," elle l'est aujourd'hui, en transit au "Meilleur". Enquêtes dans les marécages de l'immobilier, indiscrétions sur les fusées nucléaires, elle voyage.

Ce goût pour le voyage insolite et multiforme elle l'exprime avec charme par la voix et par son regard baigné dans cet océan indien, découvert et aimé dans les années 70.

Les Comores, les Seychelles, l'Ile Maurice surtout, terre de "*coexistence d'hommes qui ont su garder leurs racines*".

Journaliste et équilibriste par risques calculés malgré ses préférences pour le rubis et l'émeraude "*pierre moins scientifique que le diamant*". Quel soulagement pour les machos ! Une séduisante jeune femme de vingt-six ans, spécialiste des pierres précieuses (elle est diplômée de gemmologie) qui n'est pas une croqueuse de diamants.

En antidote des pierres elle a pratiqué la biographie des hauts fonctionnaires à la Société Générale de Presse. Une collection aux feux moins mystérieux mais combien plus dangereux.

"Vivre à l'étranger", cette expression, volonté et désir confondus, pourrait être le titre du premier tome du roman de sa vie.

Et, tout de suite en contrepoint "*vivre dans son époque*" qu'elle lance comme un éclat (de rubis bien sûr).

Ancré à Paris, les galeries de peinture moderne seront ses escales, les cafés-théâtres aussi. Et si "ce n'est pas le voyage qui compte mais l'arrivée" quel plaisir d'être le capitaine du port. ∎

Hommage

TOMISLAV
L'ami Monténégrin

J'ai connu Tomislav et Danièle, son épouse, il y a une trentaine d'années. C'était l'été, dans un club de vacances.

Danièle initiait enfants et adultes à la peinture sur soie et Tomislav, à son tour de potier, démontrait à tous la beauté du travail manuel, activité qui tantôt précède, tantôt prolonge l'imagination, la création artistique.

Oui, Tomislav était un manuel par le dessin, la peinture et un intellectuel en tant que poète.

Poète car on reconnaît un poète authentique en ce qu'il parle peu ou pas de sa "poeisis", fabrication selon les Grecs.

Invité par lui et Danièle à leur table, il suffisait de quelques secondes pour qu'explose notre amitié endormie car Tomislav savait, comme tout exilé, la valeur du partage du pain, du vin, des idées et des idéaux.

Ses racines monténégrines ne l'immobilisaient pas mais au contraire le portaient à l'universel, comme cela s'exprime dans ses vers, puissants et tendres à la fois. Chaque poème est un enfant qui grandit de lecture en lecture donnant ainsi à son auteur sa part d'immortalité.

Tomislav ne nous a pas dit adieu mais au revoir. Tout ce qui est dispersé tôt ou tard se rassemble. ■

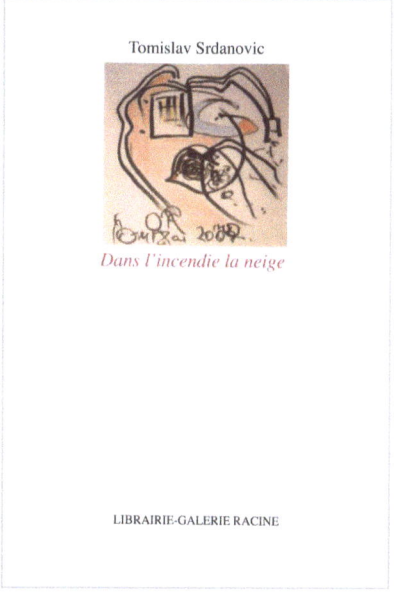

Rencontre

RADIO LIBRE :
Les illusions perdues de Mathieu Fantoni (Radio K)

Invité du CPJ, Centre Professionnel des Journalistes, Mathieu Fantoni, ex animateur de radio K, parle des radios libres et de lui-même. Un journaliste amer et pourtant encore plein d'enthousiasme.

Radio K n'émet plus depuis février dernier, mise à mort par ceux d'avant et d'après le 10 mai 1981.

Pas de changement à TDF, Télédiffusion de France.

Deux ans d'existence, une aventure de trente journalistes et quelques techniciens regroupés en coopérative ouvrière.

Lui, jadis à l'ACP, Agence Centrale de Presse, à Ouest-France, au Quotidien de Paris et auteur d'un livre sur "*les barons du PS*", aligné à cinq mille francs par mois comme tous les associés.

"*En professionnels, car la radio c'est un métier*" dans une station de San Remo, installé à 1 300 mètres d'altitude et couvrant avec un émetteur de 30 KW, les Alpes Maritimes, le Var et l'est des Bouches-du-Rhône.

"De quoi inquiéter les notables", toutes couleurs confondues, de "Nice Matin" au "Provençal" et surtout la féodalité RMC, Radio Monte Carlo qui n'a pas hésité, sous le règne de Michel BASSI, a ajouté son brouillage à celui de TDF.

UN MICRO DANS LA RUE

Une radio insolite où "*les nouvelles et non les informations du jour étaient tirées d'une corbeille*". Souchon avant Mitterrand, un fait local avant le conseil des ministres. Une radio qui était "*un micro dans la rue*" et parfois même dans un carmel comme l'interview exceptionnelle de deux religieuses, l'une jeune novice, l'autre âgée, retransmise en stéréo pour mieux faire la balance des accords et des oppositions des deux témoignages.

Une radio ethnologue aussi avec un concours de chilet, sifflet utilisé par les chasseurs provençaux pour attirer les oiseaux en imitant le chant de la grive, du merle, de la caille… Radio trop dérangeante pour le Pouvoir, quel qu'il soit, et la routine de l'information polissée et policée.

CONFIDENCES DE BOKASSA

"*Pas de radio libre sans casser le monopole*" affirme avec nostalgie, Mathieu Fantoni.

Impertinente en diffusant l'enregistrement des confidences de Bokassa sur VGE, en annonçant l'attentat de Reagan grâce au captage d'informations de la 5ᵉ flotte américaine en Méditerranée.

Trop c'est trop, même si avant le 10 mai 1981 "*le cabinet Badinter-Bredin jugeait l'affaire parfaitement légale*", même si "*des hommes politiques, aujourd'hui ministres*" apposaient alors leur signature sur une pétition de soutien.

Et l'hétéroclite assemblage financier des Mutuelles, du "Midi Libre" et de "Valeurs Actuelles", porteurs d'actions de cette radio, n'a en rien intimidé un pouvoir aussi intransigeant que ses prédécesseurs.

"*Dis-moi que tu m'aimes*", la chanson fétiche de Radio K s'est fanée comme les premières roses de mai. ∎

Portrait

GASTON BOURGEOIS

Petit, le cheveu ras, il a du comanche dans le visage, et, derrière ses lunettes à fine monture, brillent deux olives de quartz.
Judo, ping-pong, plongée sous-marine et camping sont ses jeux favoris.
Son œuvre lui ressemble : comme lui elle est toute jeunesse. La musique de ses premiers vers, publiés à la "Revue Moderne" en 1932, cette rivière souterraine qui donne à tous ses poèmes de "Aux frontières de l'ombre" l'élégance des gondoles chargées des parfums de la nuit, le bruit que fait le vent en caressant les tentes et qui est le passager clandestin de ses deux dernières plaquettes, **"Le toit fragile"** et **"Au bout du vent"**, tout cela nous dit que nous avons affaire à un vrai poète.
Laissons-le parler, chanter quelques instants :

Au bout du vent et plus loin que la pluie
Je sais qu'il est un pays sans remords
Où l'ombre estompe avec ses doigts de suie,
Sur les tombeaux, le nom glacé des morts.

Il déclenche en nous le petit mécanisme qui nous rappelle, nous en avons bien besoin, que notre vie n'est pas faite que du quotidien. Il nous oblige à ouvrir nos fenêtres, à nous ensoleiller :

J'ai campé sous les pins où chantent les cigales,
Près de la mer ardente où luit un ciel de feu,
Sur les rocs tapissés de couleurs sans égales,
Dans les calanques d'or où le flot est si bleu.

Et s'il est triste et révolté, ce n'est qu'en face de l'Inhumain. Alors, de sa tristesse et de sa révolte s'élèvent, comme des oiseaux surpris par le chasseur, de nobles appels :

Ecoutez, poètes mes frères,
Le canon tonne à Budapest ;
Il est lourd de larmes amères
Le vent froid qui nous vient de l'Est.

Et nous chez qui la rage gronde
Nous n'avons pour le secourir
Que les regrets de notre honte,
Hélas, de le laisser mourir.

Mais il est aussi un organisateur, un rassembleur d'énergies. Dans le n° 42 de la "Revue Indépendante", l'organe du Syndicat des Journalistes et Ecrivains (dont il est président), il propose une table ronde à tous les directeurs et rédacteurs des revues littéraires à plus ou moins fort tirage. Son idée est à suivre ; elle correspond aux exigences de notre siècle car il est certain que la division et la dispersion des bonnes volontés sont des luxes à l'heure où "France-Soir" tire à un million d'exemplaires et que "Nous Deux" est le best-seller des hebdomadaires.

A cette table ronde serait débattu les problèmes de la coexistence de la diversité et de l'unité, de la possibilité de décerner un grand Prix de Poésie, bien plus positif que tous ces prix fantômes et mentions de fin d'année, et de tenter d'extraire de ce sous-sol des Lettres le minerai propre à de nouveaux alliages.

Il était de mon devoir de vous présenter ce poète, son œuvre, son action. A vous de me dire si j'ai de bonnes fréquentations. ■

Entretien

AVIGNON

Avignon, le festival à l'heure du concile.
Bernard FAIVRE D'ARCIER rendra public vers la mi-avril le programme 1981 du Festival dont il est directeur depuis l'an dernier.
Il m'entrouvre son dossier, trace son projet de relance, chuchote sur lui-même.
Une invitation à "renifler l'air d'Avignon".

Du 7 juillet au 2 août, le 35ᵉ Festival d'Avignon célèbrera-t-il la grand-messe du théâtre populaire selon le rite de Jean Vilar ou de son nouvel officiant Bernard Faivre D'Arcier choisi par le principal financier de cette manifestation estivale, la municipalité.

Barbe rase et noire de conquistador, regard chasseur des disciples de St Ignace, un tel visage parle dès l'abord de tradition et de fidélité.

De même la décontraction classique par des vêtements fatigués juste ce qu'il faut.

De même encore les références nombreuses à VILAR, à ses écrits sociaux, et le rappel du grand principe "faire le théâtre de son temps".

Mais si l'après-guerre a eu son théâtre, si 68 a frôlé le sien, quel sera celui des années 80.

"On ne sait pas très bien ce qui va se passer".
D'une semaine à ses débuts, le Festival est maintenant programmé sur quatre. Pour son organisation, administrative, financière, artistique, Faivre d'Arcier s'est entouré de six collaborateurs permanents. Mais, avec ou sans structure, au Festival *"on ne sait pas très bien ce qui va se passer"*.

100 000 spectateurs prévus, 40 compagnies, 1 500 artistes, techniciens, créateurs, personnels divers. C'est une ville nouvelle superposée à la cité des papes, vivant un mois chaud en dix (l'an passé, huit) lieux de rencontre différents. 35 spectacles seront montés, d'une large gamme internationale.

A l'affiche, trois productions made in USA, dont une de Wiston, deux allemandes avec Hans P. Klaus, une hollandaise, une autre italienne, une anglaise conçue en cirque et deux soviétiques dont Richard III joué par une troupe géorgienne. Côté hexagone, une première inattendue, la Comédie Française aux prises avec Artaud et Shakespeare mis en scène par Sobel.

Là, dans ce choix, se découvre un Faivre d'Arcier œcuméniste, son ouverture sur le monde théâtral d'aujourd'hui, son goût pour l'intégration ou la juxtaposition des expressions et des genres.

Il opte pour un "*festival au pluriel*" par la coexistence plus ou moins pacifique de publics différents, de familles de théâtre a priori disparates sinon opposées.

Un festival pluridisciplinaire par la participation de musiciens, de cinéastes, de danseurs et de plasticiens, tant dans les spectacles que dans leurs prolongements parallèles.

Autre innovation 81 : une radio locale émettra quinze à seize heures tous les jours.

Avignonnais de souche ou de passage y capteront des informations pratiques (accueil, hébergement, transports), des émissions culturelles, des indications sur le patrimoine régional, des créations théâtrales, littéraires et musicales s'insérant au festival.

France-Culture métissée Fip pour juillet sur les bords du Rhône.

Sur les bords du Rhône qui, avec l'ouverture du Verger, ce magnifique jardin où échanges et réflexions éclosent, et l'église des Célestins, atelier des plasticiens régionaux, oxygèneront la tête et les jambes d'une population à l'étroit place de l'Horloge.

"On n'a pas dessiné des autoroutes".

Le mode d'emploi de cet ensemble, les "*axes artistiques à choisir, car on n'a pas voulu dessiner des autoroutes*" sont néanmoins à quatre voies : les institutions culturelles, telle la Comédie Française confrontée à Artaud, les professionnels, les jeunes metteurs en scène, les compagnies de province.

Avignon, le plus ancien festival, de deux ans l'ainé de son père d'aujourd'hui, demeure donc, dix ans après la mort de Vilar, une terre de confrontation, épargnée de la chute d'affluence pour le théâtre frappant la plupart des pays européens.

Une terre où "*il faut se toucher, s'aimer ou se détester*". Mais alors qu'à Amsterdam le festival s'engage avec toutes les troupes, Avignon parle "*d'inflation théâtrale*". Le Off sera-t-il demain déclaré hors la loi sous la pression d'électeurs avignonnais n'aimant par le pan bagnat et les "hippies" qui eux l'adorent.

Faivre d'Arcier, comme les papes de notre temps, a à concilier les aspirations du tiers-monde du théâtre et les exigences d'une culture développée, organisée.

Son plan de relance quinquennal (on n'oublie pas l'ENA si vite) est séduisant, comme son auteur.

Et le charme au théâtre est gage de succès. ■

Hommage

PAUL HECQUET

L'été est meurtrier et pas seulement au cinéma avec l'indomptable Adjani.
Chaque année, de la Saint-Jean aux grandes marées, la Dame en Noir moissonne et vendange.
Profitant de l'insouciance des baigneurs et des randonneurs, elle s'en prend à un proche, un parent, un ami.
Le plus souvent la mauvaise nouvelle nous parvient avec retard, la douce France étant ensuquée deux mois.
Comme une étoile filante une vie s'éteint sans que nous ayons eu le temps de la saluer une dernière fois.

Si "*les fils ne savent pas que les mères sont mortelles*" (Albert Cohen), les passagers que nous sommes préfèrent oublier que la Terre n'est qu'une escale. Nous y jetons l'ancre pour quelques 800 000 heures ; mais pour faire quoi de ce séjour improvisé ?

Il y a les voyageurs et il y a les touristes. Les premiers n'hésitent pas à fréquenter les ruelles, les yeux et le cœur grands ouverts, à la rencontre et au soutien de leurs frères que la société et non la nature identifie au mieux comme défavorisés, au pire comme anormaux voire inférieurs.

Avec Van Gogh les voyageurs disent "*je préfère [peindre] le regard des hommes que les cathédrales*".

Les touristes ? Ils aiment le Maroc mais pas les Marocains, la Corse mais pas les Corses... Ils remplissent à ras bord leurs numériques d'une récolte de clichés pris au fil d'un circuit, s'attardant pour un coucher de soleil, pressant le pas à la vue d'un estropié.

Y'a pas photo ! Paul Hecquet était un voyageur, plus, un conquistador pacifiste dans l'amazonienne protection sociale des temps modernes.

Dans ce monde complexe non dépourvu d'animalité, son compas cerclait l'associatif et son équerre lignait la formation. Marcheur infatigable il assurait sa route grâce à un troisième outil : une boussole de plongée en eaux fécondes à lui offerte par les partenaires sociaux : le paritarisme.

Quelques jours avant sa brutale disparition, il en rappelait encore à des bénévoles les fondements vertueux et stigmatisait ses dérives mercantiles favorisées par l'ultra libéralisme.

Ainsi outillé, armé car combattant, nous l'avons vu à l'ARRCO, à l'AISS, au CLEIRPPA, au Clos du Nid, en France, en Europe, à l'Etranger mettre sa vive intelligence, sa force de conviction, sa capacité lucide à faire émerger l'intérêt général du chaos des intérêts partisans, ici pour le mieux vivre des handicapés, là en faveur des personnes âgées, ici et là pour une connaissance publique des lourds dossiers du vieillissement, ou pour une formation innovante des personnels des services sanitaires et sociaux. Et maints autres engagements, plus discrets.

Son côté Richelieu n'irritait que les indécis ou les calculateurs du court terme. Sans attendre le nombre des années, il avait compris qu'une carrière professionnelle démunie de sens moral et d'engagement sociétal n'est qu'une course contre la montre.

Paul Hecquet était un coureur de fond, un grimpeur persévérant.
L'été meurtrier l'a frappé au passage d'un col, juste après une sage et sereine transmission de la présidence du CLEIRPPA.
Homme de bonne volonté, citoyen responsable, Paul Hecquet était un ami, il le demeure et dans son sillage gardons le cap de l'espérance.

Paul Hecquet a été de longues années directeur général de l'ARRCO et président du CLEIRPPA. ∎

Hommage

JEAN BORNARD
un homme de bonne volonté

Jean Bornard, Président d'honneur de la CFTC, s'est éteint dans la nuit du 28 au 29 août dernier, à l'âge de 68 ans. "Homme simple, il ne faisait pas de différence entre la poignée de main du ministre qu'il rencontrait et celle de l'huissier qui l'accueillait", comme l'a dit Alain Deleu, son successeur à la tête de la Confédération syndicale d'inspiration chrétienne dont Jean Bornard fut l'un des plus actifs mainteneurs lors de la scission douloureuse de 1964.

C'est peu de temps après cette déchirure que j'ai rencontré celui qui occupait alors le poste de Secrétaire général adjoint du mouvement pour en devenir par la suite Secrétaire général puis Président.

Son apprentissage de la vie par son passage à la Jeunesse étudiante chrétienne (JEC) et à la mine de Firminy, dans la Haute-Loire, avait construit un homme de bonne volonté, toujours à la recherche, non du compromis compromettant, mais de cette paix des sentiments et de l'esprit que l'on ressent et diffuse en s'accordant sur l'essentiel humain entre partenaires sociaux.

A l'opposé des égoïsmes grandissants, Jean Bornard restera de ces petites lumières qui, sur le long et difficile chemin du progrès, rassure et encourage à marcher plus avant. ■

Hommage

ARLETTY

Elle a quitté l'Hôtel du Nord pour rejoindre les Enfants du Paradis. Elle a changé d'atmosphère et le canal St Martin la pleure de toutes ses écluses.

Son visage, ses yeux, sa voix surtout, viendront encore longtemps, souvent, flâner dans notre mémoire. Sans doute là-bas, là-haut, donnera-t-elle la réplique à Pierre Brasseur, comme dans quelques extraits de l'œuvre de Céline sublimement gravés dans la cire d'un disque introuvable.

Toutes les salles noires n'oublieront pas ta silhouette blanche. ∎

"Mon cœur est français, mon cul est international"

Entretien

JEAN CHAMOUN.
Un cinéaste au pays des pierres.

Pas de couvre-feu pour le cinéaste libanais, Jean Chamoun et Maï Masri, sa compagne palestinienne en caméra et dans la vie. Le cycle du cinéma palestinien, organisé à Nanterre par le comité local France-Palestine avec le soutien du service municipal de la Jeunesse, s'achevait le 27 avril par un point d'exclamation : "Les Enfants du Feu" tourné en territoire occupé. En avant-première, J. Chamoun répond ici à quelques questions.

● *Jusqu'à présent, vous tourniez tous vos films au Liban. Enfin un film en Palestine. Pourquoi pas avant ?*
– Dès 1975, j'ai pressenti l'éclatement du monde arabe au travers du drame palestinien. Avec quelques amis, j'ai commencé à filmer la rue, le quotidien, une récolte de faits réels. Le siège de Beyrouth, et par lui mon film "Sous les Décombres", ont dévoré la pellicule que j'avais achetée quelques mois auparavant pour un projet de fiction bien différent !
Deux raisons m'ont conduit à être témoin au Liban : le peuple libanais et le peuple palestinien vivaient ensemble une guerre qui les révéla l'un l'autre, et par ailleurs, pour filmer dans les territoires occupés, encore fallait-il le pouvoir. Cela a été enfin possible grâce à une collaboration avec la BBC, et encore ! Si Maï Masri a pu être sur le terrain, par passeport américain interposé, j'ai dû, quant à moi, travailler à distance.
Sur place, il a fallu braver le couvre-feu, les patrouilles, les embrouilles administratives.
La réussite, on la doit à la population qui, par exemple, a passé les bobines de maison en maison pour éviter censure ou saisie. Ceux qui matraquent, torturent et assassinent n'aiment guère qu'on les filme. ⇨

- *Votre cinéma-vérité est-il spontané ou repose-t-il sur un scénario ?*
- Le plus important pour moi et Maï est la préparation. On n'arrive pas là, un jour, comme cela, caméra braquée, et au revoir. Non, il faut écouter les gens, vivre avec eux, six mois s'il le faut comme avant de tourner "Fleur d'Ajonc". Le cinéaste doit devenir villageois et les villageois ne pas se changer en acteurs professionnels.

Puis, les idées viennent, un scénario s'ébauche, se construit mais reste ouvert aux idées qui peuvent encore jaillir durant le tournage. Tout étant achevé, nous montrons le résultat aux participants.

- *Et quelles sont leurs réactions ?*
- Ils sont à la fois contents et frustrés. Contents d'avoir eu la liberté de s'exprimer, eux qui sont opprimés, eux les enfants aux écoles fermées et pour qui israélien est synonyme de soldat. Mais aussi frustrés car ne retrouvant pas l'intégralité de ce qu'ils ont dit, technique oblige.

A leur écoute, on a bien la confirmation que la Palestine est le problème fondamental de la région. Soixante mille enfants blessés, des centaines de morts, statistiques internationales à l'appui.

La guerre vue de l'intérieur et pourquoi les gens meurent, là est ma recherche de la vérité et de la paix.

- *Pourquoi vos films sont-ils absents de la télévision française ?*
- J'ignore les causes objectives. Je devine des pressions qui conduisent les chaînes à ne pas diffuser des témoignages trop réalistes sur la Palestine. J'ai eu récemment des contacts avec une chaîne nationale pour un dossier concernant la femme dans le monde. Ma contribution sur la condition de la femme arabe est restée sans suite... ⇨

Mes films ont été programmés aux USA, en Suisse et dans de nombreux pays. En Angleterre, sur la BBC, "Les Enfants du Feu" est passé à une heure de grande écoute, de même que "Génération de la Guerre". Je crois que la télévision française n'est pas tout à fait indépendante. Des journalistes oui, des créateurs aussi, mais l'institution ?

• *Vous aviez un projet sur la musique arabe, et sans doute d'autres. Qu'en est-il ?*
− Un scénario en six séquences est prêt pour "La Musique arabe et ses instruments". L'Unesco nous encourage, le Ministère de la Culture nous aiderait dès lors qu'une chaîne française serait intéressée ; hélas, tous ces partenaires s'attendent les uns les autres, alors...
Je pense à un film sur la femme algérienne. Elle allie modernité et culture traditionnelle. Elle pourrait symboliser la femme arabe d'aujourd'hui. Mais la situation en Algérie est incertaine et les femmes engagées ont actuellement des préoccupations nouvelles.
J'aime travailler sur le quotidien pour aller à l'universel. Je suis de l'humanité, non d'un lieu ou d'une confession. Oui des projets, j'en ai plein la tête, et Maï aussi. Je me sens évoluer vers un cinéma davantage de fiction mais partant toujours de faits réels et d'êtres authentiques.
Vous savez, j'ai reçu également une formation théâtrale. Alors, je reste convaincu que l'acteur cherche toujours le vrai dans la réalité du personnage. ■

EDITOS ET BILLETS

PHOTO FLOUTÉE

L'AGIRC fait face depuis 1990 à une triple crise d'identité. 1/ Crise d'identité économique. Elle est confrontée à des déficits chroniques d'autant plus mal perçus, qu'ils surviennent après une période rose surmédiatisée. 2/ Crise d'image de marque due à l'intégration des caisses cadres dans des groupes "drugstore" mêlant caisses ARRCO, prévoyance, produits d'assurance et d'épargne. 3/ Crise d'identité de population. Longtemps investie par la CGC, une confusion s'est produite par une sorte d'osmose AGIRC-CGC. Cette "siamoiserie" est aujourd'hui cassée net par la progression sensible des unions de cadres. Et plus la CGC s'amoindrit, plus elle entraîne l'AGIRC sur la pente du déclin. Ajoutons l'erreur qu'a constitué la remise en cause des majorations familiales et des pensions de réversion et un certain retrait patronal, dans sa volonté de préserver l'avenir d'un régime catégoriel cadre.

Fondre l'AGIRC dans l'ARRCO donnerait un argument de plus au patronat pour contester le statut cadre. L'image du cadre, c'est l'AGIRC. Cela dit, nous prendrons la place que les électeurs nous donneront, le plus urgent étant de passer au taux de cotisation de 16 %.

FRANCHIR LE CAP HORN

S'il est vrai que la pensée précède l'action et que, de même, il est exact que l'action sans règle n'est qu'agitation, une pensée active et une action réglée ont besoin, comme certaines boissons, d'être agitées avant d'être servies.

Aussi notre étendard syndical "La Vie à Défendre" n'a de valeur humaine que s'il affronte les vents sociaux et moraux de ce cap horn qu'est le passage d'un millénaire dérivant à un millénaire rugissant. Sa résistance réside autant dans la conviction du bras porteur que dans la qualité de la hampe et l'indélébilité de ses couleurs.

Le porte-étendard n'a rien d'un mercenaire et, s'il est à cheval selon la nécessité et l'usage, c'est sur les principes auxquels se réfèrent ceux dont il a l'honneur de porter les couleurs. Ses devoirs l'emportent sur ses droits.

Nos couleurs sont celles de l'espérance, de la reconnaissance qu'en tout homme une étincelle d'au-delà interdit qu'on l'assimile à un matériau, une machine si perfectionnée soit-elle, qu'on l'exploite et le jette après usage comme un déchet non-recyclable.

Il est grand temps de dire non à l'inacceptable.

LE FER PLUS QUE LE DIRE

Quand nos responsables politiques comprendront-ils que **F**amille, **E**mploi et **R**etraite sont indissociables et sont un ciment irremplaçable de citoyenneté ? Ce qui est évident à l'homme de la rue semble inaccessible aux princes qui nous gouvernent.

Sans doute, écrasés de mandats, fascinés par l'abstraction européenne, travaillant dans l'urgence élective, en oublient-ils l'odeur fétide du métro, la précarité du boulot, les médicaments du dodo.

Même les syndicalistes se font piéger. La réduction du travail se traduit en corvéabilité à toute heure, les emplois jeunes ressuscitent de vieilles habitudes, les seniors n'ont d'autre souci que leur or.

Ainsi s'achemine-t-on lentement mais sûrement vers un coup de grisou.

Sous les pavés, la plage ? Non, la grève, qui, plus elle est perlée moins elle est précieuse.

Des prud'homales aux européennes, les bulletins de vote s'appauvrissent et ne résolvent aucune question essentielle.

La démocratie, politique et syndicale, est à bout de souffle. Il lui faut changer d'air, être exercée tous les jours et pas seulement au rythme des congrès plus ou moins ficelés. La dignité humaine, la citoyenneté ne s'accordent pas au capitalisme anonyme et vagabond. Préparons-nous à des années de tous les dangers mais aussi, en tant que militants de tous les espoirs.

La force d'être doit l'emporter sur la violence d'avoir.

DROIT ET JUSTICE

Droit et Justice devraient être indissociables, ne former qu'un tout qu'on appelle le Bien, cohabitant avec le Beau dont excellait la Grèce et le Vrai porté aux quatre points cardinaux par le message chrétien.

Cette harmonie triangulaire, si elle est encore vivante chez bon nombre d'Européens, semble être une simple référence archéologique dans les "milieux" dirigeants, économiques et politiques, de l'Atlantique à l'Oural.

D'où l'instance de divorce entre l'opinion publique et une élite éclairée par une pensée unique d'intérêts privés. Nos villes tentaculaires n'inspirent plus les Verhaeren juniors, enfants martyrs, femmes violentées, vieillards abandonnés ne sont pas l'exclusivité barbare de pays lointains.

Ici et maintenant, en Europe démocratique, dix-huit millions de chômeurs et leurs familles sont économiquement martyrs, violentés, abandonnés.

"Toute société qui prétend assurer aux hommes la liberté doit commencer par leur garantir l'existence" (Léon Blum) et prendre l'homme comme une fin en soi et non comme un moyen.

Face à tant d'atteintes à la dignité, clamons notre indignation et agissons pour remettre notre idéal bimillénaire au centre du cercle.

ÇA SE GATT*

Travailler, dès 14 ans et au moins pendant 40 ans, la nuit et aussi le dimanche, avec une disponibilité annualisée au gré du maître : tel est, en alternative au chômage intense qui désespère la jeunesse, la grande ambition nationale de la fille aînée de l'Eglise.

C'est à prendre ou vous serez laissés pour compte, rejoignant, tatoués RMI Revenu Minimum d'Insertion ou autre groupe sans gain, le ghetto des cinq millions d'exclus.

On savait qu'au petit matin les balles frappent les otages. On ignorait qu'à l'aube du XXIe siècle les indices économiques assassineraient des familles entières à coups de "plans sociaux" (merveille du vocabulaire !) ou par des licenciements aussi secs que le cœur de ceux qui les ordonnent.

Réformer oui, déformer non. Prenons garde à ce que, par touches successives, nous ne nous retrouvions un jour dans une autre civilisation, sans langue, les campagnes désertes et les écrans peuplés de jeux stérilisants.

* *Accord général sur les tarifs douaniers et le commerce.*

LES ANNÉES SÉCHERESSE

Nombre d'observateurs ont considéré les résultats des élections prud'homales comme un échec pour le syndicalisme.

Quand seulement un salarié sur trois participe au scrutin, il paraît difficile de tirer un constat contraire.

Pourtant, à quelques nuances près, aucun dirigeant syndical ne s'est remis en cause.

N'est-il pas grand temps de se poser la question : "qui représente réellement les salariés, notamment ceux du secteur privé, les isolés, les abandonnés des entreprises moyennes et petites ?".

En acceptant dans les grandes entreprises des plans sociaux ignorant les salariés de la sous-traitance et des fournisseurs, en ne disant mot sur le passage de 150 à 160 trimestres pour l'obtention d'une retraite, en ne s'opposant pas contre la réforme et des allocations familiales, en cogérant à la baisse l'Assurance-Chômage, quelles pouvaient être nos chances d'un meilleur score ?

L'heure n'est plus à l'accompagnement social mais au verrouillage social. Et gardons présente cette pensée de Bonald : "la modération entre des opinions opposées n'est que de l'indifférence".

BÂTISSEUR D'ÉTOILES

D'inspiration chrétienne, notre syndicalisme ne peut qu'être contestataire, de résistance et de combat.

Contestataire, il provoque le dialogue d'où sort un accord, temporaire mais porteur d'avancées sociales immédiates et à prolonger.

De résistance, car il y a en chaque homme une étincelle d'au-delà qu'aucun vent passager ne doit éteindre, une étincelle sacrée qu'il nous appartient de protéger et de transmettre.

De combat, en utilisant la force contre la violence : la force de la fraternité contre la violence des égoïsmes, la force de l'égalité contre la violence de l'argent, la force de la liberté contre la violence des fanatismes. D'inspiration chrétienne, notre syndicalisme ne peut qu'être bâtisseur.

Bâtisseur d'hommes et de femmes au cœur et à l'esprit ouverts et attentifs à tout ce qui vit, souffre et chante, pleure et rit.

Bâtisseur de relations nouvelles, en famille et à l'école, dans l'entreprise et la cité.

Bâtisseur de ponts franchissant les fleuves de l'indifférence, de l'intolérance et du chacun pour soi.

Bâtisseur d'étoiles, d'étoiles que tout skipper des banlieues ou lieutenant de vaisseau fantôme repèrera pour tracer sa nouvelle et meilleure route de vie.

JEU DE HASARD

Au casino des plages le 35 est sorti plusieurs fois.

Déjà rendu complexe par l'heure d'été et celle d'hiver, le problème se flexibilise à en perdre la boule et à ne plus savoir qui a misé et à qui reviennent les gains.

Gainés dans leurs certitudes, comme hier dans leurs inquiétudes, les joueurs du dimanche et de la nuit prennent leurs attitudes pour des béatitudes.

Études béates qui laissent sur le carreau, sans trèfle, le "chomdu", passent à côté du cœur du sujet et se piquent au jeu des probabilités.

Alitées, les personnes âgées dépendantes sont, elles, contraintes à des heures sup. en l'attente d'une arlésienne prestation.

Quant aux J.S.Q., jeunes sans qualification, ils demeurent en incubation d'illettrisme et d'oisiveté.

Hétéroclite société qui ne sort du rouge et passe une nuit blanche que lorsque les Bleus font un carton sans trop en prendre de cartons jaunes. Jaunes sont les feux de bengale que les salariés jetables allument dans les entreprises en solde, comme pour annoncer un bouquet final surprise.

Prisons surpeuplées, maternités qui ferment. Ne pensez-vous pas qu'il y a un problème de santé et de détention de la vérité ?

TEMPS DE SAISON

Fasciné et terrifié par la désintégration de l'atome, l'Homme se désintègre-t-il à son tour au point de n'être plus qu'une graine de violence entre les mains des gourous ? Plus on claironne les droits de l'homme, moins l'homme vit droit. Plus la famille est vantée, plus les projets la concernant s'éventent. Plus la nation est sublimée, moins les citoyens s'y reconnaissent. Plus l'Europe est chantée, plus les européens se divisent, s'affrontent, se massacrent.

Dans l'histoire de l'humanité, il y a des moments où les discours des Grands sont lamentablement petits tandis que les Petits font preuve d'une grandeur d'âme, d'espérance, de fraternité et de paix.

Serions-nous arrivés dans l'un de ces défilés historiques, de ces guet-apens barbares dans lesquels, immanquablement, les responsables se défilent, laissant les peuples à la merci, là-bas de mercenaires sans solde, ici de camelots du Moi paraboliquement médiatisés.

Refrain : c'est la faute au voisin, aux jeunes, à l'Ancien...

Vieille rengaine pour vieilles canailles. Rien de tel qu'un check-up personnel, à vif si nécessaire, pour repartir du bon pied, désherber son jardin, partager les fruits de saison et repousser la nuit.

EMPLOI DU TEMPS

C'est le temps du repos, de la récré, de la grande évasion décomptée en jours ouvrables ou ouvrés.

Maillots de bain, godasses de randonnée et cannes à pêche pour les uns, chaises longues, boissons fraîches et sports nouveaux pour les autres ; l'aventure est au bout de l'autoroute.

C'est le temps des amours préservatifiés et des nouveaux essais mycologiques dans un atoll qui n'a plus rien de pacifique.

Etrange prémonition du Petit Larousse, illustre et illustré, qui juxtapose dans ses définitions atoll et atome et sème ainsi une radioactivité encyclopédique à tout vent.

C'est le temps de l'entracte, après la pub printanière des élections présidentielles et avant le grand film du retour à l'emploi pour ceux qui en ont un.

L'emploi, voilà bien une sorcellerie en devoir de vacances !

Pourtant il se dit que l'Unedic (assurance chômage), cette bonne dame phonétiquement mérovingienne, est miraculeusement passée du déficit à l'excédent.

Ce faisant, généreuse, elle pourrait changer les travailleurs âgés en jeunes retraités et offrir ainsi aux chômeurs les places abandonnées par les mutants.

En quelque sorte le partage du travail par les deux bouts du pain, sans toucher à la mie patronale.

Une histoire de boulanger qui devrait nous inciter à changer de mode d'emploi.

CHOISIR SA COULEUR

Et si nous changions de drapeau ? Non pas pour redéployer le blanc royal fleurdélisé ou devenir une petite étoile sur fond bleu, mais en flottant en rouge et noir.

Le rouge de la vie pour les uns et le noir de la mort pour les autres, symboles parfaits de la société duale que nous préparent des économistes fanatiquement fatalistes et des représentants du peuple aristocratiquement impopulaires.

D'un côté les débordés de boulot, de métro et en manque de dodo ; de l'autre les chômeurs errants et les nouveaux retraités dépendants des agences de voyages avant la dépendance totale.

Une société à deux vitesses dans laquelle personne ne veut changer de braquet. Attention à la crampe.

Quand cesserons-nous de prendre parti sur tout ce qui frissonne en images Télé Express pour simplement dire bonjour à notre voisin, aider un enfant à traverser la rue, céder sa place à une femme enceinte ou à une personne âgée, et donner du pain à ceux qui n'en ont pas. C'est un choix de couleur.

JUPPERIE

D'aube en aurore s'éclaire chaque jour un peu plus le plan gouvernemental de réforme de la protection sociale.

Après avoir été expliqué, commenté, critiqué, certains pans entiers de ce plan restent en plan et ses mesures de mise en route, en déroute, étriquées. Il est vrai, qu'après les fêtes de fin d'année, en politique comme en boutique, on solde tout ce qui ne pourra plus être vendu l'hiver suivant.

Avec la collection de printemps, de nouveaux et subtils habillages déshabilleront en douceur les revenus de cette classe dont l'erreur sociale est d'être moyenne, c'est-à-dire composée d'individus sans signalement particulier, sans signe extérieur de richesse ou de pauvreté.

Une faute de goût impardonnable qui mérite bien un alignement sec : "A vos rangs, fisc !".

Ainsi sommes-nous passés du moins d'impôts du joli mois de mai tricolore aux impôts renforcés de la course à Maastricht.

Les défilés de décembre ne sont pas devenus cendres. Moult revendications rougeoient, prêtes à s'enflammer à la moindre incartade politicienne.

Profitons de l'entracte pour mieux fixer l'objectif.

- *Jupperie : de Juppé premier ministre*

HOOVERDOSE

Anonyme et vagabond, tel est le capitalisme impitoyable que le Grand Marché laisse en totale liberté, faute de réglementation sociale européenne.

A Dijon, la moutarde monte au nez des salariés de Hoover, tout comme chez Grundig et autres flibustiers d'industrie.

Les multinationales chantent une nouvelle version de l'Internationale : "Du social faisons table rase !".

A quand l'achat d'un emploi par les hommes et les femmes moins côtés que les machines ?

Notre engagement nous interdit toute passivité face à cette peste argentée qui, légalement, envahit la pensée patronale et la vide de tout sens civique et moral. Seul le renforcement et la renaissance du mouvement syndical seront capables de contrer ce droit abusif des uns à disposer des autres, des uns à aspirer et des autres à expirer.

Balayons, humblement devant nos G.I.E., Groupement d'Intérêts Egocentriques. Organisons-nous mieux pour davantage d'efficacité, annonçons notre couleur pour rassembler dans la clarté et accueillons tous ceux qui regardent plus haut et refusent l'hypnose d'un serpent monétaire à plumes de paon.

BIEN CHOISIR

Les séniors ne sont pas que des pensionnés : ce sont des hommes et des femmes acteurs dans la société.

Consommateurs, ils interviennent dans l'économie, grands-parents, ils jouent un rôle d'éducation, bénévoles, ils facilitent la vie sociale et sa cohésion.

Plus âgés, moins valides, en fin de vie sénile ils (mais surtout elles) sont en droit d'être respectés et leur intégrité protégée.

Cela nécessite des services et des structures adaptés à leurs besoins : Une prestation unique dépendance par la sécurité sociale en tant que risque. Une baisse de la TVA pour ce qui concourt au maintien à domicile, une aide aux aidants familiaux, une formation médicale accrue en gériatrie. Plus d'emplois sociaux avec plus de professionnalisme, une prise en charge globale de la personne dépendante, un institut national du vieillissement.

Mais pour vivre longtemps et en meilleure santé mieux vaudrait sortir du rythme à trois temps (jeunesse = formation / âge adulte = production / vieillesse = inactivité) et entrer dans la vie professionnelle progressivement, en sortir de même et aérer sa carrière de pauses (congés sabbatiques), aller du travail à la récréation et de la récréation au travail.

AVOIR SA PLACE

Quelques petits pas et nous entrerons dans le troisième millénaire, sans compter ceux d'avant un certain hiver palestinien.

Venus de si loin, en si peu de temps, resterons-nous encore longtemps si éloignés les uns des autres ?

Grâce à notre intelligence, les sourds captent Mozart et les aveugles skient. L'intelligence artificielle nous redonnera-t-elle le sens du vrai ou sortirons-nous définitivement de l'orbite humaine ? Tout est entre nos mains dès lors qu'avant l'ouvrage nous les avons lavées à l'eau vive d'une source sûre.

A quoi bon se lever tôt et chanter en se rasant si à midi nous rasons les murs et restons muets devant l'injustice et la misère ? Ne prenons pas les terminaux pour des terminus ni les satellites pour des boules de cristal.

Au travail, chacun doit avoir sa place, au soleil aussi.

Quitte à passer pour des indiens, croyons en d'autres Amériques.

QUEL DESSEIN NOUS ANIME ?

Tandis que Babar fête ses soixante ans, sans intention de prendre sa retraite, Mickey s'installe en pays de France, drapeau européen déployé plein vent d'est.

Astérix et Tintin lancent un SOS à Lucky Luke.

Que la vie serait belle en dessins animés. Mais s'il nous arrive d'être ou d'être pris pour des marionnettes, nous demeurons bel et bien des êtres de chair et d'os, avec une légère pincée d'âme.

Dame, avec la vie qu'on mène, pas le temps de jouer les Bernard et Bianca. Et les seules sirènes, ni petites ni minettes, que nous connaissons sont celles des ambulances, de la police et des carrosses ministériels. Cécité et surdité semblent être les deux attelles du petit d'homme que nous sommes. En bref, rien d'étonnant que Baguera veille peu sur nous.

Au jeu de l'ego, très mode, chacun cherche sa performance, tissant son Tapie* volant sans se soucier le moins du monde du quart ou des tiers de son prochain qui aimerait bien vivre au présent.

Ainsi, à défaut d'aventures chevaleresques sur grand écran, il nous reste la lucarne, la télé privée d'une chaîne mais hélas pas en fin de séries.

Alors nous nous chamaillons en bons copropriétaires sur un devis d'ascenseur, l'assainissement des caves ou l'aménagement d'un parking. "De quoi se flinguer" me dit un ado au chômage avec un père en pré-retraite. Et "les discours, ça me court" dit de son côté un entrepreneur entreprenant.

Allez, chiche on s'y met, et on ne fait plus semblant !

* Tapie : homme politique et d'affaires

ENGAGEZ-VOUS

A l'école, dans les quartiers, les associations, soyons des citoyens et non des électeurs saisonniers !

Le 20ème siècle a été ensanglanté par la barbarie turque, nazie et communiste.

L'aube du 21ème siècle est noircie par la funeste fumée des attentats, gigantesques à Manhattan, localisés dans nos banlieues, tous inexcusables et à condamner sans aucune circonstance atténuante.

Face à cette montée mondiale de violence aveugle, d'intolérance grandissante, femmes et hommes de bonne volonté doivent se mobiliser et proposer autre chose qu'un mur en Palestine comme hier à Berlin. Les murs emprisonnent ceux qui les élèvent.

ZOODIAQUE

Au solstice d'hiver le soleil quitte le SAGITAIRE comme pour nous dire que sage et terre ne font pas toujours bon ménage.

Au Nord, insensibles aux sirènes européennes, les Norvégiens ont gardé leurs POISSONS.

Au Sud, un CANCER, bien plus mortel que le SCORPION des sables, ronge l'Algérie.

A coups de BÉLIER, mais aussi grâce à quelque BALANCE, des juges à cou de TAUREAU cherchent en vain une carrière politique VIERGE.

Nous sortons de l'ère du TAPICORNE* pour entrer dans celle des frères GÉMEAUX de la majorité ramenée à seize ans, en arrière. Qu'importe qui sera le roi-LION. Mieux vaut être sans voix que poète au VERSEAU.

Bienheureux les Chinois, empire céleste oblige, qui viennent de découvrir, là-bas, très loin, une nouvelle planète. Peut-être celle du Petit Prince...

Tapicorne : de B. Tapie homme d'affaires

L'EXIGENCE ATTIRE

D'une société à responsabilité très limitée, nous tombons dans une société plus qu'anonyme. Rien ne sert de gémir, il faut espérer et agir.

Les 60 % d'abstention aux élections prud'homales sont une matière lasse des promesses non tenues, des états-majors compromis et de la ratatouille politico-syndicale.

Pensons clair et marchons droit et nos rangs grossiront. L'exigence attire, la facilité déroute et décourage.

La singularité, légitimement référencée, l'emporte un jour ou l'autre sur la théorie de la vérité médiane. On est reconnu que si notre identité est précise, on est représentatif que si l'on existe. Notre existence s'affirme, notre identité se repère mieux.

C'est sur le terrain, qu'il nous faut maintenant faire vivre la vie.

60% DE MATIERE LASSE

En 10 ans, on est passé de la rose écarlate au morose somnolent. Notre santé s'en ressent.

La Bastille est devenue un opéra et "La Coupole" des Montparnos, s'est fait un lifting douteux. La mode n'est plus à l'emploi et le chômage est en pleine activité.

On nous invite à prendre notre retraite plus tard et, pour le démontrer, on nous met en retrait plus tôt. Comprenne qui pourra.

Oui, une certaine idée de la France s'est envolée dans les courants d'air d'une grande arche et, du haut d'une pyramide de verre quarante scandales nous contemplent.

Côté patrons, être branché c'est licencier. D'où le prix de la rentabilité et de l'efficacité à la machine à fabriquer des exclus. Toujours bien constitués, on roule en 5ème, mais doublés par la Gauche, on se rabat sur la Droite puisqu'elle annonce le printemps.

QUELQUES NOTES

"Clavecin et Danse Baroque". A l'occasion du 400e anniversaire de la naissance de Jacques Champion de Chambonnières, premier claveciniste de la chambre de Louis XIV, la compagnie "Mercure" nous invite à un séduisant récital commenté de "Clavecin et danse baroque".

Sur un propos et une mise en scène de Rémi de Fournas et Flore Bernard, danse et musique se marient avec cette élégance royale enviée de toute l'Europe.

L'association parfaite du talent de Françoise Lengelle, claveciniste internationale, et de la maîtrise de Marie-Laure Montignacy, danseuse remarquée de la scène baroque française, donne une nouvelle dimension aux œuvres de Chambonnières, Lully, Couperin, Rameau et Duphly.

Un spectacle original qui mérite des prolongations.

Théâtre du Goethe Institut - 17 av. d'Iéna - 75016 Paris.

FRISSON D'AUTOMNE

Selon plusieurs sondages, bon nombre de cadres envisagent comme avenir... la retraite, et pour une majorité d'entre eux le plus tôt serait le mieux.

Sans doute ces impatients du farniente n'ont pas lu attentivement les textes ayant réformé, ce qui aujourd'hui est synonyme de réduire, les pensions de l'assurance-vieillesse (sécurité sociale) et des régimes complémentaires (AGIRC et ARRCO).

Par une saine relecture les moins distraits d'entre eux découvriront avec effroi que "la retraite à 60 ans", ce slogan qui a traversé trois républiques, et l'une des rares prophéties réalisées, tirera sa révérence en souplesse avec l'adieu aux larmes d'un double septennat. Inutile de brandir la maxime enfantine "donner c'est donner, reprendre c'est voler". Comme le disait déjà un célèbre gaulois : "Les choses étant ce qu'elles sont...", ces impatients de jeter l'éponge et jeter l'ancre devront comptabiliser quarante années de bons et loyaux services. A moins qu'ils ne se fassent jeter avant pour manque de flexibilité. Une version fin de siècle du chêne et du roseau, sans moralité au terme de la fable.

A la même heure, quarante mille jeunes diplômés (bac + 4 et au-delà) piétinent dans les salles d'attente de l'emploi.

Très sage, trop sage cette jeunesse à laquelle on ne s'intéresse que par correspondance, ce qui est certes moins risqué qu'un face-à-face.

Quand cessera-t-on de gérer la France comme une société anonyme et de manager les entreprises comme une machine à couper les effectifs en quatre au moyen de la formule du plus petit commun dénominateur humain ?

Si la reprise économique fait frissonner les indices, les esprits sont plus lents à se ressaisir. On ne court pas qu'avec ses jambes, tous les champions vous le diront.

Encore faudrait-il que notre ambition nationale ranime et transmette sa part d'universel.

RESTOS ET SPECTACLES
De Paris la nuit aux terrasses du Sud

Le Lido. Je danse, tu chantes, il claquette, nous patinons, vous jonglez, elles féérisent. C'est au présent que "Panache" se conjugue au Lido. A quarante ans de vie non-stop, ce cabaret, nous offre une revue exceptionnelle de beauté et de rêve. René Fraday et Donn Arden — qui assure aussi la mise en scène — l'ont conçue et Christian Clérico, pour la réaliser, a mobilisé pendant deux ans 3 000 artistes, maquettistes, dessinateurs, chorégraphes, plumassières, couturières et autres fourmis du succès. La fête commence à Broadway et Hollywood : Times Square, Gigi, Fred et Ginger ; Chantons sous la pluie... la comédie américaine en flash-back pétillant. Suit une légende de l'ancienne Egypte. Des pyramides au boudoir de la reine comme si vous y étiez, avec des chameaux bien vivants. Puis retour au 20° siècle, les sports d'hiver, un couple de patineurs fabuleux, les Toddys, sur piste de vraie glace, une des multiples prouesses techniques du Lido. Et nous voilà maintenant en Polynésie : les palmiers, les plages, les splendeurs sous-marines, un bateau-pêcheur de sirènes (encore un exploit d'authenticité) et l'éruption d'un volcan, digne d'un reportage d'Haroun Tazieff.

Quittons le paradis des Iles pour la chaude musique U.S.A. Chicago et la Nouvelle Orléans. Ça va jazzer ; promis, ça jazze. Et la revue s'éclate en un bouquet final somptueux. Un tel enchantement est le fruit de talents sûrs : Folco, le créateur de 650 costumes réhaussés de renard blanc ou argenté, de plumes d'autruche et de faisan, de bijoux, de strass et de paillettes ; les décors de Rang et Castelli, avec une grandiose tête de sphinx et l'intégration de cette cascade télescopique débitant des milliers de litres d'eau à la minute ; l'excellente direction musicale de P. Delvincourt, la chorégraphie de Rizzo et les éclairages de John Mc Lain, mémorisés sur un ordinateur permettant l'utilisation parfaite d'un rayon laser. Et le champ' des Bluebell Girls (jamais moins de 1,75 m) et des Kelly Boy Dancers. Ne fermez pas les yeux entre les tableaux, vous manqueriez Nat. Enterline, habile en canne et chapeau, les chimpanzés des Niccolinis, et les Ma Fi qui montent et descendent un escalier..., sur la tête.

116 bis, av. des Champs Elysées, Paris 8e.

A' Chica. Ici l'été est éternel. Soleil, saveurs, musique et chant sont les habitués de ce restaurant brésilien, protégé par St-Merri, l'église d'en face. Au rez-de-chaussée, décoré de naïfs et primitifs du pays, comme au sous-sol en voûtes templières, les batidas, apéritifs au rhum blanc et fruits exotiques, donnent le coup d'envoi. Parmi les entrées attirantes, les croquettes de poulet et les bouchées de crevette au four vous séduiront, de même que le casquinha, succulent crabe farci. La feijoada, plat national aux viandes fumées, ne doit pas faire oublier une carte où le bœuf piqué, le poulet à l'huile de palme, la morue à la portugaise, le coquelet à la crème de maïs rivalisent, en compagnie de banane frite, sauce au lait de coco et autre manioc. Le chef Péchot est de veille jusqu'à l'escale des desserts où la charlotte à l'ananas joue les stars. Vins portugais et français métissent avec bonheur ces plaisirs. Et jusqu'à l'aube le chaleureux groupe Novos Tempos, des chanteurs et chanteuses amoureux de ce Brésil sur Seine, vous emporteront, sur leurs rives lointaines.
71, rue St-Martin, Paris 3e.

Whisky à gogo. Il y a des lieux qu'on ne présente plus. A lui seul, leur nom trompette la renommée. Tel est le cas de cette discothèque ancrée au mitan de Saint-Germain des Prés. Franchie la porte cochère, entre antiquaires et galeries, gravies les marches d'un perron, on sonne à une porte aux couleurs lumineuses. Sourire à l'accueil, au vestiaire... à la caisse. J.-C. Dinga, en directeur attentif, sait combien le contact sympathique est essentiel aux plaisirs nocturnes. Au sous-sol, élégamment décoré d'étoiles géométriques et de têtes masquées, vous boirez les breuvages classiques de la nuit mais aussi, préparés par Michel, d'excellents cocktails de fruits. Sur la piste, bien climatisée, zébrée de rayons multicolores, vous garderez la forme en dansant jusqu'à l'aube disco, funk, new-wave servis non-stop par Christian, le disc-jockey. Evitez l'overdose en vous reposant dans les agréables sièges de velours noir. Des soirées à thème et orchestre, notamment rock, attirent également un public connaisseur.
57, rue de Seine, Paris 6e.

Who's Club. Non loin de Notre-Dame, côté rue St-Jacques, ce club discothèque aime la jeunesse. Normal, il est né en 68. Là s'arrête la référence historique. Pas d'intellos dépaveurs accostés au bar ou tanguant sur la piste. Des jeans certes, des blousons aussi, mais pour "bien dans sa peau". Tout ici respire le plaisir d'être ensemble, sans problème, vivre la musique, passer une soirée cool. Au rez-de-chaussée, dès 17h, le bar présente une gamme de cocktails et de bières étrangères. On s'y rencontre, se retrouve, bavarde, et la vidéo fait le reste et le fait bien. Bob et Bruno sympas et décontractés vous accueillent à la discothèque. Sous voûtes du temps jadis, dans les décrochés tapissés de rouge, sur la piste en codes ou pleins phares, vous prendrez une heure, une nuit de disco, de reggae, de funk, de new-wave et de salsa. Cinq sur cinq ou moins suivant votre soif musicale et de danse. Bernard, le disc-jockey, par la variation des rythmes et des tubes, soulève des banquettes et descend des tabourets les plus out. De quoi oublier les premières rides de la météo. *13, rue du Petit-Pont, Paris 5e.*

Anna Karenina. Dans le quartier de l'horloge, à proximité du centre Beaubourg, ce restaurant russe est une zone franche de bien-être et de goût. Vêtu de rouge profond, avec aux murs des toiles où filent les troïkas, cet arpent de Russie ne demande pas qu'on l'apprécie mais qu'on l'aime, romantisme oblige. Charmés par la voix, la présence, l'enthousiasme et la nostalgie des chanteurs guitaristes, tels Anatlij et Alosza, et la balalaïka, n'en perdez pas la découverte d'une carte attrayante. Pourquoi ne pas commencer par les zakouski, copieux et de qualité, ou le caviar rouge ou bien encore le hareng de la Baltique. Laissez-vous tenter par le pierozki, petit pâté fourré de viande ou de fromage blanc et pomme de terre ; peut-être préférerez-vous le teftelis, boulettes de bœuf haché en sauce tomate ou, en inconditionnel, resterez-vous fidèle au classique bœuf strogonoff. Le watrouvchka et le makowiec, gâteaux, le premier au fromage blanc, l'autre au pavot, feront l'impasse sur votre caloriphobie. Bon choix de vins, et vodkas au balcon. *176, rue St-Martin, Paris 3e.*

Le Club des Poètes. Ici la poésie résiste, comme les maquis du Vercors dont était J.-P. Rosnay, adolescent déjà rebelle avant d'ancrer son bateau ivre en pleine capitale. D'entrée on est chez soi, le client est un ami et l'hôte a plus du frère que du propriétaire. Marcelle, sa compagne et sa muse, a pour chacun un regard de tendre hospitalité, authentique. Ce naturel, on l'apprécie également à table. La barquette de chèvre chaud sur feuillage de salade, excellent, sympathique la soupe à l'oignon, le steak corfiote à la crème fraîche ainsi que l'île flottante et le sara, un gâteau au chocolat des plus exquis. Au spectacle, des poèmes dits, d'autres chantés. De Michaux à Aragon, de René Char à Audiberti et son "vieux bouc orné de marjolaine", tous trouvent par J-C Legem compositeur-interprète, un chemin musical original. La voix, antique et moderne de Marcelle (sœur de Moustaki) fait tilt et Jean-Pierre à son tour nous oxygène. De jeunes poètes, des comédiens joignent leurs talents à ce bonheur. En décembre, fête des 25 ans du Club et J.-P. Rosnay réapparaîtra sur T.F.1.
30, rue de Bourgogne, Paris 7ᵉ.

L'Ariaco. A deux pas de la Contrescarpe, ça brésille tous les soirs. Le Morgon côtoie le Matheus et le Cahors le Don Sylvano. Ainsi accompagnés de vins portugais ou français, des menus et une carte attractive nous prennent par le cœur, destination Rio. François Alline, propriétaire chef de bord et son équipage plein de célérité n'ont qu'une préoccupation : votre bien-être, votre détente. Au rez-de-chaussée : ambiance câline avec piano ; au sous-sol : fête et soleil, avec Celinho Barros, et ses musiciens. Maria d'Aparicida et Nazaré Pereira y font escale. A table ? Des empadinhas, feuilletés fourrés délicieux, ou toute la fraîcheur d'un cocktail carnaval (cœur de palmier, mats, crevettes, pamplemousse). Puis un filet de poisson revenu au four, sauce tomates, oignons, lait de coco, ou un churrasco, viandes grillées de bœuf et de porc. Pour dessert, la salade de fruits exotiques et les quimdim, tartelettes au coco, excellent trait d'union avec le spectacle. Chaque mois une soirée : dimanche 5 octobre, le Carnaval en sera le thème.
7, rue Tournefort, Paris 5ᵉ.

Chez Plumeau. Toutes les rues mènent à Montmartre. Sur la place du Calvaire, cette ancienne "auberge du coucou" a pris un coup de jeune, grâce à son nouveau directeur, Alvim Noronha. Un coup de soleil aussi, par un pétillant mélange, tant en cuisine qu'en spectacle, de plats et de numéros typiquement parisiens et brésiliens. Complices le foie gras de canard et le crabe farci. De même l'estouffade de veau au poivre vert et la feijoada, cassoulet brésilien toujours apprécié. Cohabitation également heureuse des desserts d'ici et de là-bas. Entre bordeaux et champagne, se glisse, malicieux, un vinho verde. Tout cela à la carte ou en menus, vin à volonté. Au spectacle carnaval l'entente cordiale se poursuit. Danseuses vives et ondulantes, magicien aux bouteilles fugitives, bouffonnes imitations se succèdent avec entrain. Christian Bonard et sa marionnette Firmin ventriloquement nous illusionnent. Victor et son équipe vous accueille aussi à déjeuner (formules à 65 et 75 F vin compris). Soirées sur mesure pour groupes.
7, place du Calvaire, Paris 18e.

La Route des Epices. A une encablure de la place de la République, cet établissement bourlingue par tout l'hémisphère sud. Marcel Charran tient la barre, discret, attentif, sur la langue un brin d'accent marseillais. Larguant la carte, ça sent bon girofle, muscade, cannelle et gingembre. Cuisines méditerranéenne, brésilienne, indienne, africaine et des Caraïbes fraternisent, dans une ambiance musicale, parmi les plantes vertes et les parasols joyeux. Crabes et crevettes taquinent acras, boudins et samoussas (feuilletés farcis aux viandes herbées). Poulpe, calamars, gambas, tortue, thon et requin ont pour rivaux l'agneau au curry, le porc sauce colombo, le churrasco (pièce de faux-filet) et le poulet yassa (citron, oignons, banane poêlée). Et le volcan glacé, couronne d'ananas flambé, est un des atolls de l'archipel des desserts exotiques. Un menu est un ancrage sûr. Pendant le week-end, des artistes antillais, brésiliens et africains ensoleillent la soirée. Au sous-sol, dîner-spectacle tahitien et discothèque.
9, bd Voltaire, Paris 11e.

Le Balisier. Dans l'océan des Halles, latitude rue de Rivoli, longitude rue du Louvre, cette discothèque est une île de soleil. Accostez-la sans vous laisser impressionner par les chantiers voisins faux récifs coralliens de Saint-Eustache, tout proche. D'entrée, le sourire éblouissant de Louisa, sa créatrice en 1983, vous donnera le ton, typique. Ici, on a envie de vivre, et on l'exprime. Par la musique d'abord. Georges Osiris (quel dieu !), en habile et vivant disc-jockey, équilibre avec talent les vagues chaudes de salsa, de reggae, de biguine, d'afro et quelques virgules de disco. Ainsi antillais et continentaux cohabitent dans le rythme et l'élégance. La musique, la danse donnent soif. Là, officient avec célérité et compétence Coly, pour les planteurs, Carter pour les punchs, et encore eux et les autres barmen pour vos cocktails préférés ou les classiques boissons de la nuit. Le Balisier pousse et fleurit en régions chaudes ? Alors plus de doute : Paris a bien ici un pied sur le tropique du Cancer et l'autre marquant la cadence des cœurs noctambules en fête.
47, rue Berger, Paris 1er.

Le Montgolfier. A la hune de l'hôtel Sofitel, au 23e étage qu'on atteint par un ascenseur bulle extérieur, ce haut lieu du jazz mérite l'ascension. Pierre Calligaris, chaleureux pianiste stride, l'anime tous les soirs, parmi les plantes vertes des Caraïbes donnant au site élégance et air pur. Après avoir joué avec les grands, tels Bill Coleman et Cat Anderson, Pierre reçoit chaque semaine des invités célèbres : Joël Lacroix, les Rahoerson et leur électric bass Max Hery. Vont se succéder ce printemps Stéphane Guerault, Michel Atteroux, Iraki, le saxo soprano Olivier Franc et Barry Weston, trombone anglais entouré de quelques Haricots rouges. On écoute, ça balance, on danse swing et blues, avec l'idée que Bogart va pointer son nœud pap et son mégot... D'ailleurs cette ambiance donne à Pierre Calligaris l'envie de monter un festival du film de jazz, bientôt. Le Montgolfier c'est aussi une gamme merveilleuse de cocktails, classiques, exotiques, short, long, after. Quoi de plus naturel puisque c'est ici que le plus grand cocktail du monde a été réalisé, dans un verre de 1,80 m.
8, rue Louis-Armand, Paris 15e.

The Bunny's Girls. Paris hiberne. Pigalle grelotte. Le moulin a le nez rouge et le jet d'eau est en grève... Descendons vite la rue Fontaine, stop au 14. Là tout n'est que beauté, dirait Baudelaire. De ravissantes hôtesses aux seins nus, maillot string avec malicieuse queue de lapin derrière, vous accueillent, vous placent, vous servent aux élégantes tables de ce terrier raffiné à la carte elle aussi séduisante. Foie gras de canard et son verre de sauternes, grenadin de veau sauce champagne, desserts originaux et vins de qualité sortent des formules contraignantes. Liberté gastronomique et liberté des yeux (pas plus !) pour un spectacle où musique, danse et strip-tease témoignent ici que l'érotisme est le contraire du vulgaire. Frédérique et son look punk, Julie équipée base-ball, Anouchka côté gamine et humour, font oublier la froidure. Cette réussite est l'œuvre de Sandrine, directrice alliant charme et compétence. On peut aussi y danser, passer prendre un verre au bar, ouvert dès 16 h 30.
14, rue Fontaine, Paris 9ᵉ.

Le Cirque de Minou. Non loin de la place St-Georges, ce bar-restaurant topless circuse tous les soirs, avec sur la minuit la nostalgie de Médrano. Guy Lemaire, à la verve berrichonne et pigalloise, voile au grain, et aux seins. Car l'accueil et le service sont assurés par des hôtesses, dont Amienne, aux seins nus épanouis. La table a aussi ses attraits. Entre kir champagne et bon café, le feuilleté d'escargots, la côte de bœuf à la moelle, les seins (encore de glace vanille aux mamelons fraisés, vous parleront cuisine de tradition et de qualité. De même la carte des vins où sancerre, morgon et saint-émilion millésiment sans fard. Sans fard non plus le corps souple des stripteaseuses. Robes moulantes et vaporeuses, escarpins et bottes de cuir, côté star et côté collège, adieu les soucis du jour. Et bravo à Anouchka pour son mime de la grand-mère guillerette redevenant superbe adolescente. On danse à son gré et parfois l'envie de nudité s'empare des clientes. On comprend pourquoi des rugbymen célèbres jouent ici les prolongations.
47, rue La Rochefoucauld, Paris 9ᵉ.

Le Cambridge. Descendant l'avenue Wagram, trottoir de gauche dos à l'Arc, vous remarquerez déjà du dehors la quiétude de ce club, qui n'est pas privé. Bar, restaurant, tables isolées ou voisines, en étage ou rez-de-chaussée, chacun trouve sa place, mets et boissons qui confirment l'heureux choix d'être entré. A midi l'activité du quartier taquine le cool ambiant mais Jean Sauret, chairman attentif, veille à ce que journalistes, cadres, copains, copines en virgule de fast, déjeunent avec plaisir sans addition pilon. Au fil des heures on passe, dine, soupe, drinke, hors conflit intergénérations et lutte des classes. Sylvie Vartan, Cousteau, Jospin, et les autres cohabitent par la compote de lapereau, la mousseline de noix st jacques, la gjgolette de volaille, le steak de bar baies roses, le st nectaire, exceptionnel, le fondant chocolat sauce pistache. Sans oublier sancerre, pomerol et mercurey. Tous les soirs le jazz, le primitif primordial, s'éclate, swingue, caresse. Daniel HUCK, sax et clarinette, et vocal inventif, nous comble accompagné de G. Chevaucherie à la basse et Schneck au piano. Et les chalands en perdent le fuseau horaire.
17, av. Wagram, Paris 17e.

Chez Vincent. C'est en 62 que Vincent quitta Alger la blanche pour le sud de la gare de l'est. Depuis, chaque soir, il fait se lever ici le soleil d'Espagne et d'Amérique latine. Sa formule dîner-spectacle, sans addition traquenard, plaît aux couples, groupes et solitaires aimant une cuisine typée (réussie par Dany, l'héritière) et la musique de l'hispanité du vieux et du nouveau monde. Le cocktail valencia (moules, crevettes, poisson au crabe, mayonnaise whisky) et l'assiette espagnole, où crudités et charcuteries rivalisent, sont un bon début. Séduiront ensuite la zarzuela (colin, langoustine, gambas, moules, vénus, calamar en bisque de homard, flambé cognac et la parillada (les mêmes avec rouget, grillés, sauce huilée citron, ail et persil). Glaces, sorbets, pâtisseries maison et vins de la péninsule taquineront votre ligne de flottaison. Avec Los Muchachos, au répertoire inépuisable, le ballet du duo Sortilège, Los Tocatos, deux guitares, la voix sublime de Hylda et les variétés de J. Laurelli, vous taperez des mains et danserez, pourquoi pas, jusqu'à l'aube.
4, rue St-Laurent, Paris 10e.

Chez Moune. Ici le féminin pluriel s'épanouit. On y vient du Japon comme du quartier, tuilé par Micky, le portier de ce paradis nocturne. Cerclée de tables rouges et de murs noirs strassés, une piste accueille les amoureux de tous les tubes dansants de Paris, des States et des Caraïbes. Miko, disc-jockey de maîtrise, ne déçoit ni l'oreille ni les jambes. Au bar, Isabelle vogue, sourire aux yeux et dans les verres. Drinks et alcools de la nuit, associent les pensées. En contrepoints, attractions et strip-tease, font passer les aiguilles d'un jour à l'autre, bye-bye minuit. Les corps de Katy et d'Annie nous rappellent que Pigalle était un sculpteur avant d'être une rue et la chanson de Léo Ferré "c'est extra" caresse à merveille celui d'Angela. Ventriloque de talent, Phil et son rusé Goupy nous content des fables inattendues. Les Silver Skates roulent pour nous et Gabriel est à Jeanne Mas ce que cette dernière est au premier... Si tous les soirs la guerre des sexes n'a pas lieu, l'après-midi dominical est exclusivement réservée aux femmes. Tradition oblige !
54, rue Pigalle, Paris 9e.

Club 79. Il y a ceux qui dansent et ceux qui aiment danser. Si vous appartenez à la deuxième catégorie, alors, n'hésitez pas, descendez ou remontez les Champs et, tenue correcte s'entend, entrez au 79. Tous les jours, thé dansant de 16 h à 19 h, adieu le stress des affaires, du bureau, de la rue. Du dimanche au jeudi, soirées rétro de 21 h 30 à 3 h du mat'. Le vendredi et le samedi, de 22 h à l'aube, spécial disco, disco, disco. Dominique et Jacques, disc-jockey associés en réussite, ont tous les first du hit-parade d'aujourd'hui, et du demi-siècle. Ainsi, selon l'heure et le jour, chaque fan découvre ou redécouvre la mélodie, le rythme, le pas qui lui plaît. Trois espaces s'offrent aux danseurs, l'un vaste, les deux autres plus intimes. L'ensemble enrichi d'une mezzanine et d'un bar gai et vivant, est superbement décoré et baigne, tantôt dans la joie, tantôt la tendresse, au gré du jeu des lumières multiples et des séries musicales. En soft drinks ou whiskies vous apprécierez vos pauses, confortablement assis, la tête encore en piste. Et si la solitude n'existait plus...
79, Champs-Elysées, Paris 8e.

Le Louchébem. Souvent la correspondance des peintres est aussi belle que leurs toiles. De même lorsqu'un louchébem (boucher en argot des halles) renommé, Christian Dubois, devient restaurateur sa table allie qualité et quantité. Ici pas de formules arbitraires ni de parpaings mercurochrome. Avec une carte à l'accent parigot, vous déjeunerez ou dinerez avec vin et champagne différents chaque mois. En entrée, pot-au-feu vinaigrette, oignons et panaché de salades, terrine de légumes aux sorbets sur coulis de tomate, rôtis à la broche, jambon, gigot, tranche de cuisse, canette et poulet courtisent une aiguillette de bœuf ficelle, exceptionnelle. Glaces et pâtisseries ont un sacré culot à faire les yeux doux après de tels plats, on succombe. Serveurs en garçons bouchers, décoration contemporaine mêlée de photos et d'outils de la haute époque bouchère, œil expert du patron et de Guy son second, voilà une partie tout atout avec en dix de der' vue imprenable sur St-Eustache, la toque de la bourse du commerce et la colonne Ruggiéri.
31, rue Berger, Paris 1er.

Japanese Barbecue. La cuisine est une invitation au voyage et Paris un archipel d'îlots à découvrir. Discret, dans une rue paisible, ce restaurant mérite l'escale. Un éventail de cinq menus, une carte accessible à tous, une formule express pour déjeuner rapide et pas cher permettent un choix selon l'appétit et la bourse de chacun.
Conseillés par Mongi le midi et par Adrienne le soir, vous apprécierez tempura (beignets de gambas et de légumes), sashimi (plusieurs poissons suivant le prix), sukiaky (légumes, nouilles japonaises, émincé de poêlon), brochettes de Singapour au poulet, à l'agneau et au bœuf, barbecue mixte de viandes ou de fruits de mer (saint-jacques, gambas, calamar, et maquereau). Le thé est un compagnon bienfaisant et les vins, vous prennent volontiers en stop. Les beignets de pomme et de banane, flambés ou non, les glaces, les lychees et les komkwates ont aussi leurs gourmands. Et tout cela avec un petit air de dinette autour du barbecue sur table, avec pour soleil levant un rayon de saké.
15, rue Boyer-Barret, Paris 14$^{e)}$.

Le Bistrot d'Armand. Entre Champs Elysées et faubourg St Honoré, l'élégance est de règle. Ce restaurant le prouve : décor rouge sobre aux miroirs d'eau paisible, tables farouchement intimes, accueil et service ajustés, cuisine griffée fraîcheur. Carte, menu et suggestions du jour offrent à déjeuner et dîner sur mesures et le plaisir du convivial perçu en privilège. Toi, feuilleté de légumes sauce suprême, moi, saumon mariné aux baies roses, elle et lui, escalopines de volailles aux morilles, vous, rosace de lotte au miel d'acacia, eux, brie et chavignol, nous, sorbets Berthillon. Et pour tous collection (quartier exige) de vins classiques et mode. Ce tendre miracle est signé Bosko Bradov qui, depuis trois ans, midi et soir, gouverne ici avec une slavité de rigueur et d'amabilité. Marchands de tableaux, cadres d'affaires, chercheurs d'îles abritées, voisins de la nuit en sont actionnaires... du couvert. On peut aussi s'y assembler dans un salon de 30 places.
7, rue du Cdt Rivière, Paris 8e.

The Bunny's Girls. Paris s'enrhume et ses squares pleurent à chaudes feuilles. Mais ici l'été des corps est éternel. Hôtesses en maillot string, seins nus à portée... des yeux, vous accueillent et assurent un service félin et câlin. Nelly, la nouvelle directrice, assistée de Sandrine, est attentive à ce que tout soit ok sur les tables et la piste. Car dîner et spectacle, dans ce cadre élégant, s'harmonisent en qualité et bon goût. Le foie gras de canard et son verre de sauternes, le médaillon de lotte aux baies roses, les coquilles St-Jacques à l'armagnac ou au safran et confit d'échalotes, le big bunny's (ananas, glaces, chantilly) sont des valeurs que la bourse n'effraie pas. Et la carte des vins a la même cote. De quart d'heure en quart d'heure des virgules de strip-tease, jamais vulgaire, ponctuent la soirée. Sweety ôte en dernier son masque, Frédérique a le rock au corps, Anouchka de l'humour et Joëlle, Julie et les autres des pleins et des déliés que le sculpteur Pigalle aurait aimé saisir. En point d'exclamation, un solo de french-cancan.
14, rue Fontaine, Paris 9e.

TOUR DE TABLES

Faisons, de Paris à Rome en passant par la Corse, un agréable tour de tables latines. A Paris deux italiens vous attendent :

L'Enoteca est ouvert tous les jours de midi à deux heures du matin. Excellente cave pour connaître les vins de toutes les régions de l'Italie. *25, rue Charles V, 4ᵉ arr.*

Convivium. Proche de la place Victor Hugo, au 78, avenue Raymond Poincaré dans le 16ᵉ arr. vous épâtera (avec l'accent circonflexe) midi et soir.

Deux provençaux de Lutèce ont aussi une séduction parfumée

En Corse, c'est à Erbalunga au nord de Bastia que **Le Pirate** vous accueillera sans addition flibustière. Raviolis aux aubergines et tagliatelles au pistou... quel délice !

A Rome, via Mario Fiori le **Ristorante 34** non loin de la Piazza di Spagna, allie charme, qualité et prix raisonnables.

C'est aussi le cas de **La Torretta** et ses spécialités de poissons. *Piazza della Torretta 38/40.*

Le Restaurant du Théâtre

La gamme des restaurants sanaryens comprend bien plus d'établissements que de notes le solfège.

Allons aujourd'hui au "**Restaurant du Théâtre**" qui se situe, discret, dans une ruelle voisine du Théâtre Galli.

Une ambiance conviviale s'en dégage dès la porte franchie.

Le foyer, où tout est grillé au feu de bois, donne aux viandes et aux poissons cette cuisson et ce goût à nul autre pareil.

Noix d'entrecôte black-angus, côte de bœuf et d'agneaux, magret de canard, andouillette 5A, daurade royale, loup et gambas sont au soleil des braises ardentes et sous l'œil bienveillant de Pierre, maître des lieux.

J'allais oublier le Camembert chaud et le Burger pour les accros et les enfants.

En entrée ou partage, planche de charcuterie, chèvre rôti, tomates d'antan et petite friture.

Fromages, desserts et glaces vous tenteront comme la carte des vins dans laquelle je médaille un Bandol rouge Vigneret et un blanc de Cassis Tigana. Et tout au long de ces moments de bonheur, le service souriant d'Anaïs.

Le restaurant du théâtre. 8, ruelle de l'Enclos (proche théâtre Galli). Sanary sur mer (Var).

Le Regain. Entre Marseille et Toulon, La Cadière d'Azur, village provençal authentique perché sur le vignoble bandolais, a plus d'un charme malgré son voisin renommé, le Vieux Castelet.

On y découvre aussi un agréable restaurant "Le Regain", tenu par J.P. Jandry avec en cuisine Dominique Serre jadis installés à Paris, place Dauphine.

Là, depuis un an, ils nous offrent dans un cadre ancien décoré avec goût, une carte où rivalisent d'attrait le Carpaccio de saumon et St Jacques au Gingembre, la salade de rougets-toast à la tapenade, la souris d'agneau au thym et à l'ail, la daube de poulpe, le filet de loup au basilic et des desserts et des vins d'un excellent rapport qualité-prix, avec Bandol à l'honneur. Chaque jour une entrée, un plat et un dessert quotidiens sont un atout supplémentaire à la carte maîtresse.

39, rue Max Dormoy - La Cadière d'Azur (Var).

Les Allobroges. Dans une salle voûtée de 1669, le charme et la qualité de ce restaurant vous envoûteront. Vous apprécierez les spécialités savoyardes et des vins régionaux sélectionnés.
Fait également bar et hôtel.
73120 St Bon Courchevel.

Le Yaca. Réouvert depuis Juillet 96 ce restaurant est l'aîné de son célèbre frère de St-Trop. Après diverses gérances passagères, le voilà enfin en bonnes mains, celles d'un jeune couple sympathique, Abel et Anna Congratel.

C'est dans une maison à la rusticité élégante, à la cheminée chaleureuse, que vous choisirez, table ronde ou carrée, votre place préférée, selon le nombre de convives.

En tête-à-tête vacancier j'ai apprécié le navet au roquefort, la bergère d'aubergines au four, la tranche de gigot et son gratin de pommes de terre et fenouil, une lasagne de saumon aux épinards frais, une succulente île flottante et une crème caramel à l'orange. Bon choix de vins, savoyards à tenter. Service assuré midi et soir, tous les jours. *Le Praz, 73120 Courchevel (1300).*

Auberge des Vignes. Avec ses trois menus d'exception nous avons là une étape gastronomique digne de la Bourgogne. Décorée avec élégance, la salle aux poutres et cheminée accepte avec aisance dix tables discrètes. Raviolis d'escargots, lapins, charolais, rognons et gibier, fromages et desserts. Grâce à une carte changée quatre fois l'an, nous sommes loin de Seattle et de Davos !

Route de Chalon S/S - RN 74 21190 Volnay.

David Azuz - "Café Le Sélect" - 1982 - Huile sur papier

99, boulevard du Montparnasse - 75006 Paris
Tél. : 01 45 48 38 24

Le Vernet. Sans attendre le festival, allez en Avignon, là où la papauté s'est faite quelque temps française. Au cœur de cette cité "Le Vernet" est ma table préférée. Avec les beaux jours, vous n'hésiterez pas à dîner dans le jardin aux grands arbres paisibles.

Tout y est charme, calme et volupté culinaire. On ne raconte pas un bon film, on s'abstient donc d'une description d'un lieu à découvrir. Viandes ou poissons, vins et desserts, accueil et service attendent votre notation. *58, rue Joseph Vernet 84000 Avignon.*

L'antre du Roi Philene. Proche de l'Etoile, mais à l'écart du manège ininterrompu des voitures autour de l'Arc de Triomphe, cet établissement abrite toute l'année un été méditerranéen. Silvia Tomaschu et Frank Businelli, en duo et en alternance, donnent au service et aux mets une convivialité raffinée auxquels les amoureux d'heures sereines seront sensibles. Huit tables rondes élégamment dressées, et espacées pour assurer la discrétion des conversations, vous invitent au voyage dans un archipel de tentations.

Au menu affaires, servi midi et soir, les raviolis de saumon à la citronnelle, le panaché de poissons à la marjolaine et le thiam de St-Jacques à la sauce d'olives noires évoqueront à votre palais la Provence, l'Italie et la Grèce, avec une pincée de Bretagne via la fleur de sel de Guérande.

Autre itinéraire : le potage glacé de radis blanc au yogourt, les gambas flambées au pastis, l'émincé de foie de veau aux courgettes frites et une toujours attirante suggestion du jour.

Tout ceci avec la fine et exquise saveur d'une huile d'olive d'exceptionnelle qualité gustative et digestive, sans oublier les vins italiens du Piémont, de Toscane, de Sardaigne et un dessert irrésistible : la soupe de fruits frais exotiques et son sorbet thé-menthe.

Tandis que vogue une douce musique classique parmi les plantes vertes.

S. Tomaschu et F. Businelli vous offrent aussi leurs talents à domicile, soit en vous livrant, tel un traiteur, soit en officiant chez vous dans votre cuisine. Une formule originale appréciée des maîtresses de maison...

16, rue Lauriston, 75116 Paris..

Le Neptune. A l'entrée du Croisic, venant de La Baule, une escale à ne pas manquer. Extrême fraîcheur des poissons et fruits de mer et chaleureux service. Le dieu de la mer ne pardonne pas à celui qui passe sans s'arrêter. *11, avenue du Port Val. 44490 Le Croisic.*

L'Henri IV. Entre la Bastille et l'Ile Saint Louis, une table au bon rapport qualité/prix avec en vedette une excellente viande de Salers. *31, Bd Henri IV 75012 Paris.*

Les Oliviers. A un quart d'heure d'Aix-les-Bains, sur la D944 (dite route de Paris) qui longe le lac du Bourget, cet établissement est en pleine renaissance depuis sa récente reprise heureuse par Patrick Mauvernay et son épouse, elle en salle et lui en cuisine. Ce jeune chef, à la déjà riche expérience, vous présente une carte où les poissons du lac sont à l'honneur, son ambition étant d'être un maître poissonnier régional reconnu.

Trois menus répondent à l'appétit et à la gourmandise de chacun. Ainsi, dans la vaste salle à manger aux murs décorés d'armes et d'outils anciens, j'ai apprécié, en entrée, un feuilleté de St-Marcellin panaché de salades, puis un filet de sandre aux petits légumes suivi d'une fricassée de volailles aux écrevisses et d'un assortiment de fromages savoyards. Les desserts sont variés et tentants.

Vous succomberez au saumon fumé maison, au filet de perche, au Laveret, cet exceptionnel poisson du lieu, très fin et servi avec une meunière réussie.

Les moins lacustres trouveront leur bonheur dans le civet de porcelet au Gamay accompagné de nouilles fraîches, ou avec la traditionnelle Tartiflette savoyarde.

Bien entendu quelque vin agréable s'impose. La cave est honorablement fournie. Je recommanderai de boire régional, les vins de Savoie, blanc, rouge et rosé s'allient parfaitement aux plats choisis. *Les Oliviers, hôtel, bar, restaurant, lieudit "Brison les Oliviers". St-Innocent..*

COLLECTION ESTIVALE

Au fil du bel été, j'ai moissonné pour vous quelques adresses où il fait bon jouer de la fourchette.

L'auberge de Tournemire. Dans un ravissant petit village entre Aurillac et Salers, trois excellents menus auvergnats dont une délicieuse truffade du Cantal.

Avel Vor. Dans le Morbihan à Port Saint Louis toute la Bretagne en produits de la mer, directement du quai à l'assiette.

U'Spuntinu. A la sortie de Calvi, sur la route de Bonifato, la Balagne accueillante et parfumée par tous les mets et les vins des collines. Ne pas manquer le soufflet aux herbes. Bon menu.

Au doux soleil de l'automne ces trois étapes vous charmeront.

COLLECTION D'HIVER.

Même s'il vente et neige, même si chez soi il fait bon et doux, aller au restaurant est toujours un temps de bonheur, en famille, entre amis, en amoureux.

Quelques savoureuses crêpes vous attendent à **l'auberge Saint-Erwan** à Trédrez place de la mairie, proche d'une remarquable église du 16ème siècle.

Le **Champagne**, restaurant classé de l'Hôtel Bellevue, au 416, quai Lamartine à Macon est une étape connue et appréciée des fourchettes gourmandes et exigeantes.

A Funtana, dans un cadre typique, est plus qu'une pizzeria-grill. Spécialités corses et plats exotiques rivalisent. *15 av. Emile Sari. Bastia.*

Avant ou après le spectacle, trois dernières adresses parisiennes :

Le Bistro des Deux Théâtres, un rapport qualité/prix rare. *18 rue Blanche Paris 9e.*

La Pignata, un provençal près des Folies-Bergères. *57 rue du Faubourg Montmartre Paris 9e.*

Le Grill De Paris, proche des Champs-Elysées, appelé aussi Taverne Paulaner ; un régal de cuisine traditionnelle. *8 av. F. Roosevelt Paris 8e.*

Le Beau Violet. Retrouvez-vous en Corse sans prendre l'avion. Ce surnom méditerranéen d'un oursin magnifique annonce ici un restaurant où la cuisine chante tous les parfums colorés des produits de l'île de beauté, le cabri grillé, les ficatelli, les gambas et un vin du domaine de sainte Juliette, plein de soleil caressant. Pour les viandes, vous y rendre les lundi, mardi et mercredi, pour les poissons choisir un jeudi, vendredi et samedi.

Après un café, dégustez cette liqueur de châtaigne ou cette autre de myrte ; elles vous racontent des histoires par un sentier, dans le maquis. Qualité du manger et du boire, faible nombre des tables font qu'il est prudent de réserver. *92, rue des Entrepreneurs 75015 Paris.*

Maison Du Danemark. Direction le Nord, et sans rancune pour le non à Maastricht.

Au rez-de-chaussée, une boutique propose de nombreuses spécialités danoises à emporter. Au même niveau un restaurant aux prix abordables, Le Flora **Danica**, vous accueille avec saumon de rigueur. Au premier étage, un autre restaurant, le **Copenhague**, se distingue par sa carte, la qualité du service, son ambiance paisible. Certes l'addition s'en ressent. *142, avenue des Champs Elysées 75008 Paris.*

D'UNE TABLE A L'AUTRE

J'ai traîné ma fourchette à la découverte de la bonne bouffe. Voici quelques nouvelles adresses qui méritent le détour.

La Grotte. Spécialité de poissons et de viandes grillés. *Marseille 8ᵉ. Calanque de Callelongue.*

Le Phare. Spécialités de Poissons, arrivage quotidien de tous les ports français. *15, rue Marbeuf 75008 Paris.*

Le Bistrot De La Place. Très animé l'été sur l'une des plus pittoresques places du vieux Paris. *Place du marché Sainte-Catherine 75004 Paris.*

Barrio Latino. Un latino branché dans un ancien et vaste immeuble jadis fabrique et commerce de meubles. Attention à vos tympans ! *46/48, rue du Faubourg St-Antoine 75012 Paris.*

Le Galopin. Sur la place aux Sept Acacias où s'acheva la commune, une cuisine simple dans une ambiance Doisneau. *34, rue Sainte Marthe 75010 Paris.*

Al Dar. Un Libanais au rapport qualité/prix appréciable. *93, av. Raymond Poincaré 75016 Paris. 8/10, rue F. Sauton 75005 Paris.*

Noura. Mon Libanais préféré dans la capitale. *121, bd de Montparnasse 75006 Paris. (existe aussi 27, av. Marceau et 21, av. Marceau "Pavillon Noir".).*

Au Petit Riche. Le Val de Loire à Paris, banc d'huîtres et cuisine de saison. *25, rue le Peletier 75009 Paris. Salons particuliers de 6 à 45 personnes.*

Le Capricorne. On y est jamais déçu et c'est pas cher. À deux pas de la Bastoche. *3, boulevard Richard Lenoir 75001 Paris.*

La Rotonda. Terrasse sur la médina et l'Atlas, un intérieur exceptionnel, une grande et authentique cuisine marocaine. Réservation obligatoire. *Derb Lamnabha-La Kasbab.Marrakech Medina.*

Le Vieil Ecu. Sur trois niveaux dans une des vieilles demeures du Paris de d'Artagnan, une cuisine traditionnelle bien maîtrisée. *166, rue Saint-Honoré 75001 Paris.*

Caruso. Un Italien, un vrai, à la bonne réputation largement méritée. *3, rue de Turenne Paris 4ᵉ.*

Aux Îles Marquises. Avant comme après le spectacle, Mathias Thery vous y accueillera avec une carte où poissons et fruits de mer jouent les stars. *15, rue de la gaîté 75014 Paris (Montparnasse).*

La Mer. Vue sur l'Atlantique dans un cadre original, Arrivage journalier de crustacés, coquillages et poissons. Grande Classe. *Bd de la Corniche El Hank. Casablanca (Maroc).*

Le Pied Rare. Spécialités Argonnaises et le pied de cochon à la Sainte Ménéhould à l'honneur.
149, av. Ledru Rollin 75011 Paris

Le Grand Bleu : Adieu veaux, vaches, poulets et autres animaux à risques. Dans cet établissement, proche de Paris et voisin des bords de marne, les plateaux "Cousteau" "Grand Bleu" et "Royal" (pour deux personnes) sont assurés produits frais par arrivage quotidien. Fruits de mer, homards, daurades et bars sont d'une qualité rare et à des prix fort corrects.
Chaque jour et chaque week-end ont leurs suggestions, y compris dans le menu complet et la formule du déjeuner.
Un Chablis ou un Sancerre sont des compagnons bienvenus.
31, avenue de Champs 93460 Gournay.

Plazza Berri. Avant ou après un spectacle, vous apprécierez ses excellentes et authentiques spécialités italiennes. On y déjeune aussi. Il est prudent de réserver.
4, rue de Berri 75008 Paris.

La Boussole. Une cuisine française aromatisée aux parfums et saveurs du monde sur le thème des épices dans une succession de petites salles aux murs de pierres apparentes. C'est l'été dans les assiettes à St Germain des Prés.
12, rue Guisarde - 75006 Paris

Lavezzi : Si l'entrée est rue St Jean, le balcon où vous retiendrez une table donne sur le vieux port de Bastia. Mais la vue, si belle soit-elle, ne vous détournera pas des mets proposés dans lesquels le loup grillé est remarquable lorsqu'on l'accompagne d'un agréable vin de Patrimonio.
Une escale à ne pas oublier lors d'un passage dans l'île de beauté.
8, rue St Jean Bastia.

Le Petit Retro. Une cuisine originale associant avec délicatesse et imagination tous les métissages culinaires méditerranéens.
5, rue Mesnil 75116 Paris.

La Gaudriole et Le Palais Royal. Deux restaurants mais aussi salons de thé donnant sur le célèbre, calme et merveilleux jardin où, jadis, toutes les filles étaient à marier... On s'éloigne de Paris en cherchant les fenêtres d'où Cocteau et Colette observaient les promeneurs. *30, rue Montpensier, 75001 Paris, et 111, Galerie de Valois, 75001 Paris.*

Le Pot De Terre. Dans une ambiance jeune et estudiantine vous vous retrouvez dans ce qui fût jadis un lieu de rencontre et de ripaille des mousquetaires du Roi. Cuisine et vins classiques. Une simplicité gaie, des prix très abordable. *22, rue du Pot de Terre - 75005 Paris.*

Chez Gilbert. Sur le port de Cassis, rival de St Trop., deux menus du sud vous attendent. Soupe de poisson excellente, carpaccio de loup, daurade grillée sur son lit de fenouil, terrine de chèvre frais en papillote et fondue de poireaux avec, bien sûr, un blanc de cassis (Fontblanche - Bodin) en accompagnement.
Sur le port, 13260 Cassis.

Gandhi. Toutes les spécialités tandoori et curry sont merveilleusement préparées et présentées dans ce restaurant indien paisible, élégant au service 'discret et attentif.
66, rue Sainte-Anne 75002 Paris.

La Taverne Du Nil. Ici l'Egypte est libanaise, toute libanaise par l'accueil, le service et les trois formules, midi et soir, vin compris. Caché dans une rue de l'Ile Saint-Louis, cet établissement orientalement décoré vous séduira. *16/18, rue Le Regrattier 75004 Paris.*

China Club. A quelques grains de riz de l'Opéra-Bastille, vous découvrirez ce lieu élégant où il est indispensable de réserver.
Ouvert tous les jours de 19 h à 2 h du matin, vous dînerez à la carte ou au menu dans lequel vous choisirez entre la salade Mao ou les rouleaux de printemps, le poulet au piment ou le saumon à la vapeur, le riz blanc ou cantonais, la tarte au citron vert ou le gâteau chocolat et citron, excellent ! Mais laissez-vous tenter par les "Dim Sum", bouchées ou raviolis au porc, légumes, crabe et choux chinois. Un régal.
Le China Club c'est aussi, en sous-sol, un club de jazz, les vendredis et samedis soirs. C'est enfin et d'abord un des rares établissements du quartier branché de la Bastille qui reste fidèle à la qualité.
50, rue de Charenton 75012 Paris

A.G. Le Poète. Chez Antoine Gayet tout est discrétion, sérénité. Accueil, ambiance, cuisine sont d'un goût parfait, d'un talent sûr. Poissons, volailles, rognons de veau sont à l'honneur. Trois menus seront pour vous un itinéraire agréable. A la carte vos sens seront comblés. Salons à l'étage.
27, rue Pasquier - 75008 Paris.

Gaspard de la Nuit. Vous apprécierez le pavé de thon aux poivrons rouges, une mousseline bacon - poireaux - œuf poché, la poire au parmesan et noix ou encore le potage du jour, un lapin sauté aux pleurotes, le pain d'épices au coulis de poire.
6, rue des Tournelles 75004 Paris (7j/7 le soir seulement).

Le Grand Bar des Goudes. Dans ce quartier pittoresque de Marseille, une Bouillabaisse exceptionnelle vous attend.
29, av. Désiré 13008 Pelaprat.

Mont Salva. A quelques virages du port typique du Brusc, dans l'odorante pinède du Mont Salva, des viandes et des poissons grillés succulents que vous dégusterez en salle, dans la véranda ou sur la vaste terrasse. Aire de jeux pour les enfants. *Chemin du Mont Salva 83140 Six-Fours - Le Brusc.*

Auberge Saint-Eloi. Au village du Vieux Castellet, une table gastronomique à honorer. Vue panoramique exceptionnelle mêlant collines, mer et vignobles. Quand la beauté règne en toute chose...
15, rue de l'Aube - 83330 Le Castellet Village.

La Muraille De Jade. Spacieux, calme et raffiné : voilà les trois qualités remarquables de cet établissement situé dans le quartier latin. Vous apprécierez ses spécialités chinoises, vietnamiennes et thaïlandaises telles que la fondue au saté, le canard grillé setchouan, la crêpe Saïgon (farine de soja, crevettes et safran) à des prix très acceptables. *5, rue de l'Ancienne Comédie 75006 Paris.*

Le Brasilia. Ce restaurant, voisin du jardin du Luxembourg, baigne dans une ambiance musicale discrète mais au rythme néanmoins contagieux. Parmi les nombreuses et typiques spécialités brésiliennes et portugaises, vous choisirez vos préférées pour un déjeuner ou un dîner exotique. *4, rue de Vaugirard 75006 Paris.*

Le Chalutier. Si, voyageant au Maroc, vous passez par Casablanca, c'est au "Chalutier", en terrasse ou en salle, que vous dégusterez tous les trésors vivants de l'océan tout proche.
Huîtres de Oualidia, dorades et loup au gros sel, festival d'araignées de mer, sardines, calamars... et une gamme de plats espagnols traditionnels.
Centre 2000 Casablanca (Maroc) Tél. 02 20 34 55.

Le Relais des Chevaliers Courtois. Dans la vallée de l'Oise, à moins d'une lieue du château de la Comtesse de Ségur, d'Auvers et de son musée Van Gogh, la famille Couturier perpétue les traditions d'accueil et de gastronomie.
Maître grilladin des rôtisseurs, dignitaire des vins d'Amboise et ambassadeur de l'ordre du Poêlon, Guy Couturier, le chef de cuisine, ne déçoit que les obsédés de fast-food. Déjeuner du mardi au dimanche, dîner J.V.S. *2, place Joliot Curie, 95540 Méry-sur-Oise.*

Au Pied Marin. Sur le vieux port de Bastia, en terrasse ou en salle, cet établissement, géré familialement, à tout pour vous séduire. Accueil et service efficace et souriant par les demoiselles Rivinalti dont la mère, Simi, prépare en cuisine entrées, plats et desserts, qualité et fraîcheur garantis.

Accompagné d'amis corses j'ai apprécié les gambas sauce verte au basilic, la salade de poulpe, les pâtés à la langouste et le loup grillé aux pommes rosées et carottes. Au dessert le nougat glacé et le soufflet de pommes coulis framboise vous combleront.

Un Patrimonio Orenga de Gaffory (cuvée des Gouverneurs) vous rappellera que l'île de beauté possède un vignoble de haut rang.

Tous les jours midi et soir sauf dimanche (soir l'été).
2 quai Nord-Vieux Port Bastia.

Les Bourgeoises. Dans ce Marais où se côtoient le pire et le meilleur, ce restaurant de charme est à recommander. Une clientèle de fidèles et de passagers agréablement surpris suit ou découvre un poulet tandoori, des quenelles de brochet ainsi qu'un gâteau anglais finement préparés.

Fermé dimanche et lundi soir.
12, rue des Francs Bourgeois 75003 Paris.

La Milonga. Entre St-Sulpice et St-Germain, l'Argentine vous invite à découvrir (ou retrouver) ses spécialités où la viande de bœuf est reine. Commencez par un Humita (Plat indien à base de maïs) ou des Pumas (salade de patate douce, maïs, tomate et poivrons) ou encore un peu de "Moreilla" (boudin noir aux oignons). Tendrement, appréciez le "Corazon de Cuadril" (cœur de rumsteack peu persillé) ou le "Bife Ancho" (noix d'entrecôte succulente) ; clôturez par un "Queso Con Dulce" (fromage accompagné d'une confiture de figues de Barbarie) ou un "Flan Con Dulce De Letche" (Flan avec confiture de lait). Sans oublier le Trapiche un vin argentin de bon niveau. Tout cela par un choix de menus. Musiques d'argentine. Tous les jours de 17 h. à 2 h. du matin. *18, rue Guisarde 75006 Paris.*

Le Domarais. Situé dans l'ancienne salle des ventes du Mont de Piété de Paris, ce restaurant est d'une élégance extrême. Espace, décoration, tables suffisamment éloignées les unes des autres, chacun est à l'aise dans cette construction circulaire à éclairage zénithal néo-classique.

Ainsi peut-on vivre pleinement une cuisine raffinée, midi et soir. Mais le Domarais c'est aussi et d'abord des dîners concerts avec

menus appropriés : mercredi Gospel et menu Louisiane, jeudi Latino et menu Bossa Nova, vendredi et samedi Lyrique avec menus Verdi et Mozart.
D'agréables soirées musicales avec des artistes talentueux et une recherche culinaire rare.
53 bis, rue des Francs-Bourgeois, 75004 Paris.

Au Vieux Honfleur, où J.P. Villey met dans vos assiettes tout le charme de ce port normand. *13, Quai St Etienne, 14600 Honfleur.*

Le Bistro Du Port, un spécialiste confirmé des fruits de mer. *142, bd F. Moureaux, 14360 Trouville.*

L'auberge Des Templiers, dont le chef de cuisine, Jean Saint-Georgio vous assure une table et un service de qualité. *RN 13. 27110 Ste Colombe La Commanderie.*

Villa Toscane. Un italien qui mérite une halte... *36, rue des Volontaires, 75015 Paris.*

Guido. Un autre italien de Paris, déjà signalé et toujours agréable. *2, place du Marché Ste Catherine, 75004 Paris.*

Le Bourgogne, où séjourna Lamartine alors député. Classe supérieure, sous l'œil vigilant de M, Gosse, propriétaire de cet hôtel restaurant séduisant. *Plan de l'Abbaye, 71250 Cluny.*

Le Vieux Pavé. Chez Vincent, coquillages et poissons savoureux, accompagnés des vins de Cassis et Bandol. *7, quai des Baux, 13260 Cassis.*

Hostellerie de la Reine Jeanne, où le filet de perche à la provençale et la Terrine aux olives sont une farandole au palais. *Grand Rue, 13520 Les Baux,*

L'Oustalou. Non loin de l'Opéra-Bastille et de la gare de Lyon, cet établissement se protège des turbulences urbaines. On y est bien, mange bien, on y revient. Les spécialités auvergnates, les vins de pays savent s'y prendre pour fidéliser une clientèle de calmes connaisseurs. Un menu que chacun complète à sa guise, est un atout remarqué. Satisfaction totale. Fermé le dim. *51, av. Ledru-Rollin 75012 Paris.*

Zafora. Un grec raffiné et un vin blanc qui fait rêver de l'Atlantide, si près dans cette baie unique. *Fira Santorin.*

La Boucherie. Dans un décor boucher, une viande comme on n'en trouve pas tous les matins. Service rapide et sympathique, ambiance décontractée. Bon sang ne saurait mentir. *138 bd du Montparnasse 75014 Paris. Mêmes établissements à Annecy, Annemasse, Chambéry, Megève.*

Restaurant
Le Grand Venise

171, rue de la Convention
75015 Paris

Téléphone 01 45 32 49 71

Le Train Bleu. Il faut l'emprunter au moins une fois dans sa vie. Au 1er étage de la gare de Paris-Lyon ce buffet est un chef-d'œuvre fastueux de l'architecture et du design Belle Epoque. Aux plafonds une quarantaine de fresques retracent les sites du réseau PLM et d'évènements d'époque 1900. Salles immenses, sièges, porte-manteaux, dorures et sculptures nous font remonter le temps. Au présent, sur tables élégantes, des spécialités lyonnaises et foréziennes de qualité ainsi qu'une gamme d'autres plats, desserts et vins. Deux menus complets. *Gare Paris-Lyon dans le 12ᵉ arrdt,*

Guido. Sur l'une des plus charmantes places de la capitale, cet Italien ne cache pas ses talents. Charcuterie et salades, festival de pâtes fraîches, calamari et osso bucco ont du panache. Un air de vacances toute l'année. Ouvert tous les jours.
2 place du marché Ste Catherine (métro St-Paul) 75004 Paris.

L'Auberge du Bonheur. Trop timide derrière son aînée, La Grande Cascade, cette auberge forestière est une clairière de bonheur. En salle rustique ou au jardin, on y déjeune et dîne avec un menu et à la carte, classique. Aux heures d'après-midi, la halte pour se désaltérer à des tons champêtres. Ouvert tous les jours de mai à septembre. Les autres mois, déjeuner seulement et fermeture vendredi et samedi. *Bois de Boulogne, Avenue de Longchamp.*

Le Village. Proche du carrefour St-Germain, ce bar est ouvert tous les jours de midi au petit matin. Cocktails certes mais aussi d'excellentes assiettes gourmandes. Chaque soir, à 22h, une programmation de jazz live. *7 rue Gozlin 75006 Paris.*

De Lacaze. A l'angle de la rue de Lyon et de l'avenue Ledru-Rollin, à Paris, ce restaurant, ouvert voilà sept ans, a donc atteint l'âge de raison. Raisonnable dans ses prix, dans sa décoration, et la discrétion souriante de son service. Dans sa cuisine aussi.

Ici pas de plats à l'exubérance pimentée, ni de desserts gonflés de chantilly art déco.

Vous apprécierez son vaste buffet de hors d'œuvre, son méli-mélo de poissons aux huitres chaudes (spécialité), de même que le cœur de filet au chavignol. Fromages et vins de bonne qualité.

A la carte ou en formules, déjeuners et diners vous laisseront sur votre faim... d'y revenir. *33, rue de Lyon, 75012 Paris.*

Joe Allen. Un vieil américain, qu'on trouve aussi à Londres et New-York et qui garde sa jeunesse, quartier des halles oblige.
Ouvert tous les jours, on y déjeune, dîne et soupe, le bar vous accueille jusqu'à 2h du mat' et vous pouvez bruncher le samedi et le dimanche, entre midi et 16h.
Les viandes sont remarquables, les salades débordantes et les desserts (si place il vous reste) ne manquent pas de calories séduisantes. Et la Californie vous laisse passer au rouge, à petites gorgées, agréablement.
30, rue Pierre Lescot, Paris 1er.

AU BORD DE L'EAU.

Deux restaurants vous invitent encore en terrasse avant les mauvais jours. Quelques heures au cadran de la douceur de vivre.

La Goulue. A Joinville-le-Pont, près de Paris, sur les bords de la Marne intelligemment réaménagés, vous rappellera les années 1900, l'ambiance des deux Renoir, le "bon temps". *17, quai Gabriel Péri*.

Le Café Jatte. A Neuilly, à l'ouest proche de la capitale, sur l'île du même nom entre deux bras de Seine. Installé dans des ateliers désaffectés aujourd'hui décorés avec élégance et originalité, ce restaurant fait partie du circuit obligatoire de la vie parisienne. *60, bd Vital-Bouhot*.

Apicius. Cet établissement est l'un des plus princiers de Paris. Princier par le feutré de son ambiance et le savoir-faire de son personnel, par le rang élevé de ses mets et de ses vins. Certes aussi princier par son prix. Un moment exceptionnel pour marquer un évènement. Vous pouvez commencer par un bouillon de homard et moelle aux herbes thaï ou les escalopes de foie gras poêlées aux radis noirs confits. Vous choisirez peut-être ensuite le gros turbot grillé aux laitues et anchois ou le ris de veau à la broche, salpicon de champignons et truffes. Pour finir, avant un excellent café accompagné de friandises, vous vous laisserez tenter par le soufflé au chocolat et sorbet cacao ou la crème craquante à la réglisse. La carte des vins est un tableau d'honneur. Jean-Pierre Vigate, maître des lieux, est sans contexte un prince charmant. *122 Avenue de Villiers*.

Bleu Marine. Moins connu mais tout aussi raffiné, et à des prix plus raisonnables, ce restaurant présente d'excellentes spécialités de poissons et de desserts dans un cadre élégant et paisible. Tout ici est recherche et réussite dans des recettes et des présentations sans cesse renouvelées, au gré des saisons et des arrivages. *28, rue Léopold Bellan 75002 Paris*.

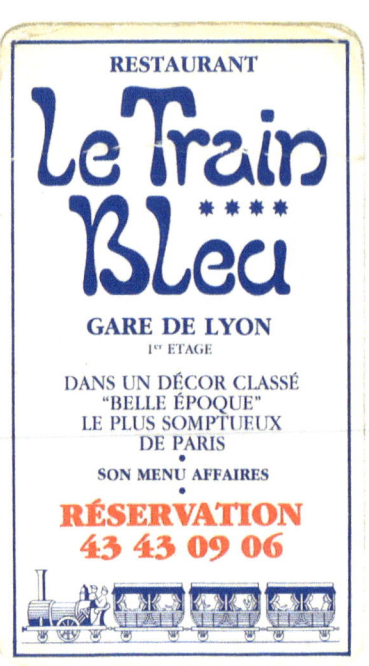

Le Moulin de Ponceau. A Chartres, Vous déjeunerez ou dînerez au bord de l'Eure dans un cadre plein de charme et de quiétude. *21 rue de la Tannerie. Chartres.*

Chez Ginette. Paris toujours, Montmartre encore. Dans ce restaurant, proche du métro Lamarck, l'avant et l'après-guerre ont résisté aux vacheries du temps. Georges, au piano tous les soirs, y est pour quelque chose, avec son répertoire plein de tendresse. Et Ginette, la Ginette, quelle femme ; son maitre n'est pas né !

Elle vous accueille, vous place, veille au service et s'en mêle avec cette allure de ceux qui connaissent la vie et l'aiment, malgré les coups durs.

Vous commencez par une entrée sans nom de baptême pompeux, une entrée simple, classique, sympathique (harengs, poireaux, etc....). Vous continuerez par le plat du jour (bœuf gros sel le mardi, jarret de porc aux lentilles le mercredi !), ou, à la carte : bavette, foie, côtes d'agneaux. Le plateau de fromages est achalandé et les desserts, sans tralala, ont tous un label de qualité.

Qu'on est bien Chez Ginette ! Un Corbières ou un Saumur Champigny, et en route pour la Butte. *101 rue Caulaincourt 75018 Paris.*

Le Petit Bedon. Déjeuner et dîner tous les jours sauf dimanche. Elégant et confortable, ses quelques tables vous retiennent par la qualité des mets et le raisonnable des prix. *70 rue Joseph Vernet Avignon.*

Sipario. Un bel Italien qui séduit dès l'apéritif. Des tables rondes raffinées, espacées pour que chacun garde ses secrets, une cuisine... à la botte du bon goût. Fermé samedi midi et dimanche. *69, rue de Charenton (métro Bastille) Paris.*

Le Baalbek. Un restaurant libanais pas cher ça existe. Et la solitude ici n'existe plus. Familles, couples amoureux, voisins d'un soir nous donnent un aperçu de ce qu'était, est encore la convivialité phénicienne. Il est prudent de réserver. *16, rue Mazagran (métro Bonne-Nouvelle) Paris.*

Au Petit Riche. Un classique centenaire qui ne vieillit pas. Cuisine traditionnelle, banc d'huîtres en saison, vins du Val de Loire choisis, facilitent les affaires, le midi, et les amitiés, au dîner après spectacle (votre place de théâtre et votre repas peuvent être jumelés en un forfait). *25, rue Le Peletier Paris.*

Galerie-Antiquités. Un salon de thé chez un antiquaire, à quelques pas de la place des Vosges. Ça flâne en nous quand on s'assoie, une brise de musique classique en prime. On peut aussi réserver pour dîner (6 personnes minimum) et avoir l'exclusivité des lieux toute la soirée. *31, bis rue des Tournelles Paris 3.e*

Mayflower. Ouvert tous les jours, toutes les nuits, toute l'année, ce bar est une escale non loin de la place de la Contrescarpe. Tous les whiskies, toutes les bières, tous les cocktails, champagnes et vins sélectionnés pour grands et petits verres. On y brunche aussi. Salades, poissons fumés, assiettes de charcuteries et fromages, font oublier les fades sandwiches des bars de gares. *49, rue Descartes Paris 5e.*

Le Globe d'Or. Christine et Gérard Coustiaux maintiennent ici le panache du Sud-Ouest. A ne pas manquer (en réservant bien sûr) l'exceptionnel cassoulet proposé le jeudi, inoubliable ! Sans contexte une des meilleures tables de la capitale. *158, rue St-Honoré Paris 1er.*

Léon. Roi de la frite et des moules à Bruxelles depuis 1893, Léon a depuis quelques mois pignon sur la place de la République à Paris. Deux autres établissements ouvriront bientôt, l'un toujours à Paris, rue Rambuteau, l'autre à Strasbourg. 7 jours sur 7, de midi à minuit, c'est environ 800 kg de moules qui, quotidiennement, sont le régal des Parisiens, pressés au déjeuner, détendus et bavards après le spectacle. Meunières, provençales, poulettes, à l'escargot, le festival des moules s'accompagne de bières et vins de Moselle. Sole, faux-filet et homard sont des outsiders, toujours prêts en variation. Un restaurant qui a la frite ! *8, place de la République Paris 11e.*

Au 121. Au 121 de la rue de Sèvres (Paris 6e, métro Duroc) est un restaurant accueillant, ouvert du lundi au vendredi depuis deux ans, midi et soir. Dans ce quartier mi-ville, mi-province, il est rare de trouver une table alliant avec autant de justesse prix et qualité.

Cuisine traditionnelle avec toujours une touche de fantaisie, et un service plein de gentillesse et de célérité (pour les pressés du déjeuner, quelle aubaine). Choix de salades et de terrines, viandes, boudins et andouillettes, desserts variés qu'apprécieront les plus gourmands, côtes du Rhône et Bordeaux agréables en pichet.

A la carte chacun placera sans difficulté ses préférences. Ceux qui aiment les certitudes prendront l'excellent menu (service et vin en sus). Une étape sympathique. On y vient, on y revient.

Carrefour Odéon

Café Gourmand

Paris

L'Auberge du Clou. C'est ici que poètes, chansonniers et artistes insatisfaits du Chat Noir avaient pris l'habitude de se retrouver. Suivirent ce bon exemple Cocteau, Catulle-Mendes, Léon-Paul Fargue, le peintre Willette, Alfred Jarry, Debussy qui venait y entendre le pianiste d'ambiance... Erik Satie.

Thomas Chet, un vrai suisse des Grisons, l'ouvrit le 1er décembre 1883, dans un décor campagnard prisé des journalistes de "La Vache Enragée".

Sans nostalgie, l'air du temps enveloppe aujourd'hui toutes les tables élégantes, espacées les unes des autres pour garder à chacune ses confidences d'affaires ou d'amitiés.

Au premier étage un salon particulier de 15 à 20 couverts est idéal pour célébrer en commun tout évènement prétexte. Chaque semaine a ses plats vedettes. Mais foie gras et saumon fumé sont en tête d'affiche.

Un menu donne au déjeuner et au dîner une qualité gastronomique parfaite car produits frais et poissons fins le compose.

Essayez de visiter la cave, des surprises picturales s'y cachent. *30, avenue Trudaine 75009 Paris.*

Les Fontaines Saint-Honoré. A quelques pas du Palais-Royal, face aux anciens magasins du Louvre aujourd'hui haut lieu des antiquaires, c'est un agréable restaurant, plein d'élégance.

Vous y serez accueillis avec le charme blond et efficacité par Jacqueline et une table, de préférence réservée, sera vôtre rapidement. Les sept jours de la semaine, M. Tayent, directeur actif et discret, assure à une clientèle tranquille, hommes d'affaires le midi, intimes le soir avant et après le spectacle, un choix de fruits de mer, de poissons, de viandes et de volailles, soit à la carte, soit au menu bien conçu et complet, vin compris.

Est également proposée une formule légère et rapide pour les sprinters de la fourchette.

On peut aussi s'y retrouver en groupe en salle particulière à l'occasion de banquets et de fêtes.
196/200 rue St Honoré Paris 1er.

Le Plein Ciel. Ce restaurant panoramique, situé au dernier étage d'un immeuble riverain de la Marne, est une étape accueillante, notamment quand le temps permet de s'attabler en terrasse. Les prix ont oublié les excès des grandes métropoles et la cuisine retrouvé la qualité provinciale. Le service mériterait toutefois un coup d'accélérateur. *Place Jean Bureau Connetable De Richemont 77100 Meaux.*

Le Charolais. A quelques kilomètres au nord de Boulogne-sur-Mer, dans l'agréable station balnéaire de Wimereux, voilà un restaurant sympathique et paisible. Dirigé depuis peu par Jean-Raymond Joly, avec en cuisine sa séduisante épouse Carole, cet établissement n'attend pas le nombre des années pour être une valeur sûre. Quelques tables élégantes, aux murs des photos de contrées asiatiques, signées Philippe Bourgeois, et un climat qui détend.

Par la carte attrayante, votre appétit fera escale à la brochette de petits boudins aux pommes, au crottin de Chavignol chaud. Puis la côte de bœuf roquefort et sa purée gratinée, le saumon frais à l'oseille ou encore l'excellent gigot, sauront vous combler. Et le gâteau de chocolat crème anglaise (voisinage oblige !), le panaché de sorbets, arrosé à votre gré, donneront bonne conscience à votre gourmandise. Vins choisis et café de qualité. *25, rue Napoléon, 62930 Wimereux.*

Marshal's. Un Américain distingué à Paris, suffisamment proche et éloigné des Champs-Elysées. Rien à voir avec Donald et ses hordes de burgers (au demeurant OK pour mettre KO une petite faim). Exemples : une salade de langoustines rôties au melon, un filet de bœuf poêlé aux écorces d'orange, un thon grillé-confiture d'oignons à la grenadine.

Bien entendu on peut aussi rester country avec une salade d'épinards, un travers de porc ou un Chili.

Les vins de Californie s'imposent. Et une ambiance d'Entre-deux-guerres avec service d'excellente tenue. Toujours surprenants ces Américains ! Happy hour de 18h30 à 20h et brunch samedi et dimanche. *63 Avenue Franklin-Roosevelt 75008 Paris.*

Café de Flore. Au petit déjeuner sa terrasse, fraîchement toilettée, nous reparle du St Germain de Greco qu'on attend, en vain, solitaire. Mais que les croissants sont bons.

L'après-midi, l'intérieur est propice aux gribouillis qu'on prend, farfelu, pour des alexandrins. Mais quel bleu ce Curaçao avec champagne et cointreau dans le cocktail du lieu ! Plus tard, la faim venant, on grimpe au 1er, là où Maurras, Apollinaire, Trotski et bien d'autres prirent le chemin du petit Larousse illustré. Mais quel délice cette omelette au crabe ! Vers la minuit, retour à la terrasse. Les passants ont les yeux qui font déjà dodo. Mais quel point final cette terrine de foie gras de canard qu'on se partage, avec quelques gorgées de Sauternes ! *172 bd St Germain 75006 PARIS*

Bel Canto. L'opéra à table... Dans les deux restaurants "Bel Canto" c'est la prouesse d'un quatuor de jeunes chanteurs lyriques, accompagnés au piano.

Ces serveurs-chanteurs interprètent les grands airs d'opéra avec un brio et une prestance qui confirment que "la valeur n'attend pas le nombre des années". Pour la plupart élèves des conservatoires parisiens, leur maîtrise du service et du chant s'allie merveilleusement à la qualité de la cuisine italienne, recherchée, ainsi qu'aux vins de la Botte et de Sicile. De plus en plus fréquentés par un public de connaisseurs ou de découvreurs, ces deux restaurants exigent qu'il soit prudent de réserver. Soirée exclusivement. *88, rue de la Tombe-Issoire 75014 Paris, et 72, quai de l'Hôtel de Ville 75004 Paris.*

DE VENISE A VENISE.

Sous le soleil d'hiver Venise est une adolescente rêveuse. L'escalier d'or du Danieli se repose des mille et un pas des touristes qui ont remplacé les voyageurs et le "Café Florian", place Saint-Marc, ne vous boude pas si vous y restez une pleine heure, bien après avoir savouré son délicieux chocolat mêlé de café.

Venise aime les tête-à-tête et les promeneurs solitaires. A contre-courant des croisières et des excursions, elle sait alors vous parler d'âme à âme. Descendez comme moi au **Luna Hôtel Baglioni**, un palais rénové avec ce goût sûr des décorateurs italiens. Vous apprécierez le confort de cet établissement à des prix accessibles (hors périodes americano nippone) et ses grands petits déjeuners vous permettront de sauter un repas !

L'Italie et Venise sont aussi à Paris, à Montparnasse.

L'Auberge de Venise. Au 10 de la rue Delembre (métro Vavin) dans le 14e arrondissement. Vous commencerez par un très fin carpaccio ou des tomates mozzarella. Vous continuerez par des lazagnes légères ou un excellent assortiment de pâtes, fraîches bien entendu. Une fine mousse au chocolat, ou de nombreux autres desserts et fromages (italiens, ça va de soi) clôtureront cet agréable repas. Ce restaurant, ouvert il y a plus de cent ans, a successivement été basque, auvergnat et bar américain. Chaque jour maintenant une spécialité italienne y attire ceux qui rêvent au-delà de la Seine.

C'est en flânant que Paris se découvre, et la marche à pied ouvre l'appétit.

L'Incroyable. Dans un minuscule passage balzacien, allant du 23 rue Montpensier au 26 rue de Richelieu. L'Incroyable est un véritable survivant du bonheur d'antan. Américains et Japonais n'en croient par leur porte-monnaie. En effet Mme Brayer, sa propriétaire, toujours souriante, combat l'inflation en proposant tous les jours (sauf dimanche), midi et soir, deux sympathiques menus, boisson et service compris. Incroyable mais vrai ! On y est bien chez soi, à la bonne franquette et les grincheux sont interdits de séjour.

Attention : le passage fermant à 20 h 30, s'infiltrer plus tôt, pour y demeurer plus tard, pas de problème : on vous ouvrira pour sortir.

Le **Distrito** fait presque les "trois huit", entre la Bourse du commerce et St-Eustache (49 rue Berger). De la cave au first floor, du breakfast au dernier bourbon, plats pour une petite faim aux alentours de midi, salades monstres, poissons, viandes et vin mexicain jusqu'à tard dans la nuit, et des groupes musicaux, souvent en permission d'accompagnement d'une vedette hit-parade.

Ce restaurant-café-concert est à connaître. J'oubliais son Happy Hour de 18 à 20 h,

Da Graziano. Dans feu le Moulin de la Galette (83 rue Lepic.) un Italien, de charme comme il se doit, parle avec ses pâtes, de main de maître. Il sait aussi honorer poissons et crustacés et vous tenter par ses viandes au romarin, aux cèpes, au miel. Quant aux desserts, faits maison, et aux vins d'Italie, quel paradisio !

Le Jardin de Trévise. Non loin des grands boulevards, si bien chantés par Montand, à quelques pas des Folies Bergères, éternelles, cet établissement est un espace de détente dans un quartier coloré et souvent tapageur.

Franchie la porte, un bar sympathique, une salle puis une seconde, avec dominante de plantes et une collection d'affiches des théâtres de variétés voisins. Ajoutez à ce climat un accueil souriant, le midi de Patrice, le soir de la séduisante Nathalie, et vous n'hésiterez pas à commander un des vingt cocktails proposés. Parmi cette gamme, "l'Océan", spécialité du lieu, m'a donné la nostalgie des plages... Au menu chaque jour différent, vous choisirez entre deux entrées, deux plats, fromage ou dessert. Outre les vins rosé et blanc muscadet habituels, chaque semaine a son vin rouge régional. Ainsi ai-je apprécié, accompagné d'un agréable Touraine Gamay, une salade aux gésiers, une pièce de bœuf et sa

jardinière de légumes un soufflé froid au caramel, suivi d'un café valeureux. Mais Philippe, jeune chef du sud-ouest, a d'autres atouts dans sa carte. Le canard, confit et magret, est maître, avec aussi le soufflé de St-Jacques, le ris de veau et, pour les gourmands, un gratin de fruits ou une marquise au chocolat. Au sous-sol, une troisième salle peut regrouper quinze à vingt convives désireux de rester en cercle.
Avant ou après le spectacle, en étape pour déjeuner, voilà un jardin où il fait bon s'asseoir.
6, rue de Trévise 75009 Paris.

Le Romantique. Poissons, fruits de mer et spécialités normandes sont des valeurs sûres en ce lieu accueillant et élégant. Piano, cocktails, service agréable reposent des étapes stressantes.
8, avenue A. Piat 14390 Cabourg.

Le Pistou. Quatre menus provençaux allant et mettant à l'honneur pâtes au pistou, émincé de volaille au thym, cuisse de cailles, magret de canard au miel de romarin. Mérite d'être connue est recommandée. *26 rue Mirabeau 83000 Toulon.*

Carr's. Vous découvrirez l'hospitalité et la fraternité, disait Hoche aux Français partant aider l'indépendance irlandaise. Sans ferry ni charter vous l'approuverez en déjeunant ou dînant dans ce restaurant abrité rue Thérèse, aux rives de l'avenue de l'Opéra et de la rue Richelieu. Deux belles salles, avec aux murs des photos et des aquarelles du pays, accueillent une clientèle au cœur et aux pieds vifs. Car tous les soirs musiciens et chanteurs remontent la tradition des airs joyeux ou mélancoliques. Trois menus, et une carte pleine d'atouts comblent curiosité et appétit. Le saumon fumé au bois de chêne, seul ou en salade nordique avec rollmops et crevettes, le filet de barbue aux groseilles, les St-Jacques gratinées au cheddar, l'irish stew (ragoût d'agneau) grisent les fourchettes. Et le sherry trifle (crème, chantilly, poires et gelée), la rhubarbe pie ont de l'accent. Les vins français ont fort à faire face à une Guinness exceptionnelle. Cocktails, old whiskies et Baileys (Irish digestif) festoient. Conall Carr, directeur sensible et actif, cadrera vos goûts et votre bonheur. *18, rue Thérèse, Paris 1^{ier}.*

Au Chatelet Gourmand, Guy Girard est de retour. En entracte quelques années pour raison de santé, nous le retrouvons, guilleret et encore plus riche de talents, ravissant restaurant timidement caché au 13 de la rue des Lavandières Sainte Opportune, liaison entre la rue de Rivoli et le quai de la Mégisserie.

Jadis au Galant Vert puis au Petit Coin de la Bourse, c'est ici maintenant qu'il nous fait plaisir, soit à la carte, soit par un carré de menus allant du pressé au gourmand, tous équilibrés en qualité et prix. Terrines raffinées, délices d'escargots et boudine vous souhaitent la bienvenue. La pêche et la broche du jour président, sans décourager une cuisine plus traditionnelle (cœur de ris de veau, steack de canard, côte de bœuf bordelaise). Fromages, desserts (le nougat glacé, super !) et vins choisis enrubannent cette fête. On y déjeune, dîne et soupe.

Fastfoodiens s'abstenir.

Baladin. Au quartier latin, Un grec où on aime bien aller se faire voir. Déjeuners d'affaires et dîners avec orchestres tous les soirs. Thés-concerts le dimanche. *12 rue St Severin, Paris 5ᵉ*.

La Chope Des Vosges. Au 22 de la place des Vosges, toujours aussi belle, un coin de paradis international et des riverains. Foie gras, poissons et viandes de qualité.

L'Absinthe. De jour en jour les jours grandissent, la Normandie retrouve ses couleurs de vie et le port d'Honfleur flirte avec les nouvelles lumières.

Après la pause d'hiver, L'Absinthe rouvre ses portes. Ce restaurant du Quai de la Quarantaine offre trois menus, d'excellent niveau dans un cadre des plus agréables. Poissons et crustacés sont les stars mais grillades et desserts ont aussi de l'attrait. La mousse de truite au coulis de crustacés et les huîtres de pleine mer sont une entrée heureuse. La lotte au gingembre et légumes de saison ainsi que le filet de morue fraîche au cidre suivent parfaitement. Et toute résistance est interdite quand vient l'heure du gâteau au chocolat fin ou du mille feuilles aux poires chaudes caramélisées. Avec, j'oubliais, notre plateau de fromages et café accompagné de petits fours !

Bien entendu la carte des vins est à même hauteur. On peut également fréquenter, passant de la salle du 17ème siècle du restaurant à une autre du 15ème, le Pub Ivanhoe, intime et chaleureux. *10, quai de la Quarantaine, Honfleur.*

MAISON DU DANEMARK
142, avenue des champs-élysées
75008 Paris   ☎ 44 13 86 26

BAR RESTAURANT
Au coeur des puces

CHEZ LOUISETTE
RICHARD & ARMAND

130, Avenue Michelet (Marché Vernaison) - Allée N°10
93400 SAINT-OUEN - Tél. : 01 40 12 10 14
Fax : 01 43 00 10 76 - Portable : 06 50 27 11 96
Ouvert samedi, dimanche, lundi

Auberge de Venise
RISTORANTE
Spécialités et Gastronomie Italiennes
10 RUE DELAMBRE   PARIS 14ᵉ
TÉL. 43 35 43 09

PARKING A 100m BOUL. DU MONTPARNASSE *(voir au dos)*

TEL. 278.55.89

ROBERT ET LOUISE
64 RUE VIEILLE DU TEMPLE
PARIS 3ᵉ

Pharamond. Le roi Franc Pharamond, légendaire dernier roi de Troie, connaissait-il les tripes à la mode Caen ? Quoi qu'il en soit la famille du même nom fonda en 1832 cette exceptionnelle maison, jadis "la petite normande" d'où les tripes à la mode de Caen prirent le chemin de la gloire. De Clemenceau à Chirac, de Lino Ventura à Coluche, tous les politiques et artistes sont passés et fréquentent au moins une fois ce haut lieu de la cuisine traditionnelle française classé monument historique pour ses décors Belle Epoque.

Au menu ou à la carte vous flânerez gastronomiquement : foie gras confiture de figues ou fricassée de queues d'écrevisses ; canard col vert baies de Cassis ou filet de sandre vin rouge ou, bien sûr, les fameuses tripes, soufflé aux pommes et calvados ou baba au rhum crème fouettée. Et le pain fait maison ! *24 rue de la Grande Truanderie 75001 Paris.*

Les Iles Gourmandes. Cet établissement est une escale à ne pas manquer. En trois ans M. et Mme Champot ont réussi l'harmonie du cadre, de la table et des prix.

Tout est ici garanti grande fraicheur, d'où l'obligation de commander la veille les fruits de mer.

Après de délicieuses huîtres ou un splendide cocktail de crevettes, vous choisirez entre un turbot au jus de rôti, un filet de lotte vapeur aux souvenirs d'Asie (sauce curry, champignons noirs et bambous), un filet St Pierre nappé de sauce au pistou, la fricassée de St Jacques aux vapeurs de muscadet ou l'assiette des délices fumées de la mer.

Fromages de qualité et desserts à craquer ! bonne carte des vins. Réservation recommandée. *18, rue de Locmalo 56290 Port Louis.*

Robert et Louise. Si Robert s'en est allé rejoindre les bons vivants du paradis, Louise et sa fille Pascale sont toujours là pour nous donner, en plein Paris, quelques heures de bonheur campagnard. Viande, boudin noir, andouillette et escargots, vins de Loire et autres vignobles nous confirme ici tout ce que la France profonde accorde à ses enfants (et aux connaisseurs étrangers) de riches nourritures terrestres. Grande table paysanne, un convivial feu de bois dans une large des côtes de cheminée, nous sommes chez nous. *64 rue Vieille du Temple 75003 Paris.*

Maison Kammerzell. A Strasbourg, Place de la Cathédrale, un fabuleux banc d'huîtres et les variations de choucroute de Guy-Pierre Baumann.

Café Liberté. Cet établissement toulonnais, tenu par la famille Mazé, a pignon sur la spacieuse place de la Liberté.
Je le classe sans réserve dans le quinté gagnant des restos-bistrots de Toulon.
Sa carte quotidienne et son plat du jour ont de quoi satisfaire les connaisseurs et tenter les découvreurs des plaisirs d'une cuisine classique et méditerranéenne.
A deux, le jour de Ste Giselle (chaque Saint est cité en tête de la carte journalière), nous avons apprécié le boudin antillais rougail de tomates, le carpaccio de courgettes jaunes à la stracciatella, l'escalope de veau au citron gratin de choux-fleurs (plat du jour), les seiches du Brusc farcies grand-mère en sauce tomate.
Deux bons verres de vin blanc excellent du Domaine Saint Julien d'Aille (Vidauban) ont accompagné ces bonheurs avec en dessert la brioche façon pain perdu, caramel et chantilly maison partagée amoureusement.
En salle ou terrasse l'accueil, le service et l'ambiance sont si agréables qu'on s'y attarde avec un café de qualité.
17 rue Dumont d'Urville 83000 Toulon

Tehani Tahiti. Pourquoi dépenser vos économies dans un voyage aérien coûteux pour Bora Bora ?
Cet établissement, situé sur le port de Sanary, entre Marseille et Toulon, vous attend avec le sourire polynésien de ses hôtesses et vous propose une gamme de mets et boissons d'Océanie, chauds et froids, à savourer sur place ou à emporter. Assis en terrasse, nous avons apprécié :
Elle, un Spicy punch (rhum blanc, citron vert, sirop de piment et cannelle). Un poisson cru à la tahitienne (salade de thon cru mariné au citron et lait de coco, légumes, riz). Ananas givré artisanal.
Moi, Haura vanille (espadon sauce crème à la vanille, frites de patate douce). Cheesecake à la mangue. Planteur (Havana brun, jus d'ananas, purée coco).
A la table voisine un couple de touristes belges a choisi : Lui un mijoté de thon aux légumes, sauce curry, lait de coco, riz. Elle un poulet " Fafa" et épinards mijotés au lait de coco + riz. Sympas ils nous ont fait partager leur pichet de 1L de punch maison (rhum blanc, jus de fruits, sirop grenadine).
Vous attendent aussi une tentatrice carte des vins, alcools cocktails, des Duos à composer et des Pockebowls (viande, poisson ou végétarien). Menu enfant dispo.
6 Quai Marie Esménard. Sanary.

DES LIVRES, DES LIVRES, DES LIVRES

RENTRÉE

La rentrée littéraire, qui n'est rien d'autre que la sortie d'une armada de romans à la recherche d'un Prix, me conduit à vous recommander, prenant du large, la lecture de trois livres permettant à tout un chacun de mieux connaître, donc comprendre, les œuvres et les écrivains de la période de 1880 à 1980, temps d'avant et d'après l'une ou l'autre des trois guerres où le chaos des idéologies a chahuté les mœurs et les styles.

Vous lirez en premier les "**Souvenirs Littéraires**" de Léon Daudet présentés par Kleber Haedens (Ed. Grasset). Nous avons là, par une plume vive aux pleins farouches et aux déliés tendres, l'observation et l'analyse de la vie artistique, politique et mondaine où se croisent (et parfois, souvent, se détestent) parlementaires, peintres, écrivains, médecins, hommes d'affaires, dramaturges... et la bande à Bonnot. Une exceptionnelle exposition de portraits, du A Auberti au Z de Zola par un Léon Daudet certes polémique mais aussi et d'abord lyrique.

Vous lirez ensuite "**Le Caléidoscope**" de Robert Poulet (Ed. L'Age d'Homme). L'auteur nous dit dans ses "remarques préalables" que "*Le portrait d'un poète ou d'un romancier a pour fin et pour effet de communiquer aux lecteurs la sensation qu'ils éprouveraient si, ayant lu les ouvrages du personnage, ils le rencontraient tout à coup au coin d'une rue, enveloppé de cette lumière qui éclaire à la fois ce qu'il est et ce qu'il a fait.*"

C'est ainsi que Robert Poulet portraitise trente-neuf écrivains du siècle défunt en les répertoriant, avec acidité et humour, en six catégories les Eminents comme Montherlant et Anouilh, les Profonds tels Massis et Afelio, les Divertissants comme Cocteau et Aymé, les Singuliers tels Gracq et Genet, les Fantomaux comme Drieu La Rochelle et Nimier, les Eventuels tels Tournier et Mandiargues.

Tiens, pour vous tenter, cette flèche sur Eluard : "*l'hôte ingénu du Gépéou sourit, coquette, /couvrant les bruits de salve avec sa musiquette.*"

Vous terminerez ce parcours littéraire par "**Au Galop Des Hussards**" de Christian Millau (Ed. Fallois). Christian Millau, bien connu comme chroniqueur gastronomique ne l'est pas assez comme journaliste et critique littéraire. D'où l'heureuse obligation de le suivre dans ce tourbillon des années 50, ces années colonisées par le stalinisme existentiel germano-pratin et qui va se heurter à l'audace des Blondin, Nimier, Laurent, Déon mais aussi au réveil des passions contraires ravivées par le conflit algérien et les soubresauts de la IVe république chancelante. Un livre d'action remettant les pendules à l'heure juste.

Après cette randonnée d'un siècle à un autre, reposez-vous "**Sur l'Épaule de l'Ange**" d'Alexandre Romanes (Ed. Gallimard). En quelques 80 pages, nous sommes dans le merveilleux de la simplicité poétique d'un homme du voyage aux racines tziganes nourries par l'Amour, l'amour de Dieu, de son épouse, ses filles et de l'Autre.

Poèmes d'une brièveté étincelante comme "les gens qui ont / de mauvaises intentions / sont des infirmes / leur vision du monde/ est fausse. " ■

D'UN LIVRE A L'AUTRE

"**Violence ou Dissuasion**", (Editions Beauchesne), grâce à R.P. Jacques Roi et à l'Evêque d'Ajaccio, vous approcherez mieux les questions soulevées par cette île où hommes et femmes ont une dimension secrète qui exige respect et connaissance de leur histoire insulaire.

"**De l'autre Coté**", (Editions La Bruyère). La poésie est acte d'amour. Marianne Sordan, dans son premier recueil, n'échappe pas à cette obligation acceptée. Ecoutons-la : "*Nous n'irons plus nous voir - Les miroirs sont brisés - Et la boîte en fer blanc - Qui commence à rouiller - Regrette les printemps - Où elle était plumier*". Une poétesse aux premiers pas prometteurs.

"**Ingénieur Demain**". L'ICAM (Institut Catholique d'Arts et Métiers) a récemment édité un ouvrage transcrivant les nombreuses réflexions exprimées pendant le colloque organisé le 19 novembre 1998 ("rôle de l'ingénieur au 21ème siècle", Colloque ICAM). Ce document, nous éclairent sur de nombreux aspects de la vie de l'ingénieur, des attentes de la société à son égard.

"*Alors que la France s'inquiète de la diminution de jeunes ingénieurs, nous souhaitons que ce document donne aux ingénieurs, aux enseignements, aux jeunes, matière à réflexion et fasse croître l'envie de se préparer ou d'assumer ce métier passionnant*", précise André Satin, Président de l'Association des ingénieurs ICAM.

"Les Retraites aux États-Unis". (La Dispute Éditeurs) Lucy ApRoberts, économiste, propose une étude rigoureuse des institutions qui assurent un revenu aux retraités américains. Le système de retraite des États-Unis est bien moins éloigné qu'on ne le croit de celui de la France. Le socle en est un régime de sécurité sociale géré par l'État et alimenté par les cotisations patronales et salariales. Ce régime verse plus des deux-tiers du montant total des pensions. Aussi peut-on dire que les représentations qui polarisent l'attention sur les dispositifs professionnels de retraite, propriétaires des fameux "pension funds", déforment la réalité et exagèrent la différence entre les États-Unis et l'Europe.

Les Américains hésitent quant à l'avenir de leur système de retraite. Le débat, s'il porte sur le régime de base, est provoqué par la crise des régimes professionnels, érodés par la fragilité croissante du lien entre les entreprises et leurs salariés.

Ce détour par les États-Unis, en bousculant les idées reçues, renouvelle notre vision du possible et change les termes du débat.

"Histoire du libre-échange et du protectionnisme en France". Cet ouvrage, préfacé par J. Matteoli et introduit par F. Hemici, professeur à Paris I, s'appuie sur des archives insolites et retrace mille ans d'échanges Orient/Occident, de transactions européennes et de commerce international. Un peu comme si rien ne se créait, rien ne se perdait et que tout se transformait. Paul Dunez, Edition et diffusion : Institut Social de France.

"Dieu et le pouvoir, théologie et politique en Occident" (au Seuil). J.C. Eslin nous livre un essai remarquable dans lequel la phrase de Catherine de Médicis *"je ne laisserai pas des moines fanatiques l'emporter sur la justice du Roi"* ne serait pas de trop.

"Tu-Binh". Bien que son nom soit gravé dans le marbre du monument aux Morts de Rennes, Norbert Héry est toujours vivant.

Porté tué au combat de Dong-Khé, il a survécu à une captivité de 1 446 jours au camp Viet n° 1. C'est ce séjour aux enfers, ce mélange de grotesque et de terrible qu'il retrace, en pleine vérité.

Aujourd'hui dans l'industrie il est de ces officiers que l'Algérie, après l'Indochine, a ancré dans le courage et la fidélité. Editions Lavauzelle.

"Pasquale Paoli, Le Corse des Lumières" de M. Bartoli avec une précieuse introduction de G.X. Culioli (CDL éditions) Toute la période paoline et les enjeux politiques internes et environnants.

"Dialogue sur la France". Dans cet ouvrage sont rassemblées la correspondance et la relation des rencontres entre Charles de Gaulle et le Comte de Paris. Avec justesse, Philippe Séguin remarque dans Le Monde : "... *c'est sur l'exercice de la fonction suprême que la relation entre De Gaulle et le Comte de Paris en dit le plus long, sur ce point qu'elle éclaire le plus utilement le débat contemporain. Voilà qui nous ramène utilement à la conception initiale, hélas ! bien galvaudée, de la fonction présidentielle...*". Quant à Éric Roussel (le Figaro du 25/2) il note : "... *d'évidence De Gaulle a songé à la solution monarchique et seules les circonstances l'ont amené à abandonner ce projet...*".
Et de son côté Éric Dupin (Libération) salue la "*finesse d'analyse (du Prince) dont tous les partis font les frais*" et rappelle que le Comte de Paris "à plusieurs reprises met en garde De Gaulle contre la dérive conservatrice de son régime...".
Présenté et annoté par Jean Tulard, éd. Fayard.

"Corse du Sud, Haute Corse". Deux guides qui décrivent la Corse et présentent quantité de renseignements concernant la nature, la culture et la géographie. Ces données sont accompagnées d'illustrations et photos couleurs, ce qui permet de nous situer dans le temps et l'espace.
Ces guides renferment les témoignages de ceux qui ont aimé l'Ile de Beauté, et de ceux qui ont fait son histoire.
Guides Gallimard.

"Fragment et Relief". S'en remettre à la poésie qui sollicite l'imagination, met le malheur en musique, peint l'avenir avec des couleurs appropriées aux gourmandises et ambitions les plus diverses, résout des problèmes très ardus en les ignorant avec superbe, fait de chaque femme une princesse, de chaque adolescent un prince charmant en puissance et du dernier de la classe le premier de la récréation...". Jean-Pierre Rosnay n'avait rien publié depuis trop d'années, trop occupé à découvrir et diffuser la poésie d'autres troubadours perdus en Barbarie.
Son livre nous rassure : la source n'est pas tarie et son eau, vive dans la lumière et sage quand l'ombre, s'étend et hydrate notre envie de voyages immobiles. Collection Le Club des Poètes.

"Les Diagonales". J.-P. Rosnay n'est pas resté indifférent à la bataille sur la réformette de l'orthographe. Avec une sensibilité qui touche grands et petits, écoutons-le faire parler, en ventriloque amoureux, "L'accent circonflexe et la petite cédille", poème extrait de son recueil. Mots tendres et vrais que parents et enseignants auront à cœur de transmettre à la génération du troisième millénaire. Gallimard.

Entre deux vers
D'un long poème
D'un poème fort ennuyeux
La cédille aux yeux de verveine
Qui nattait ses jolis cheveux
Rencontra l'accent circonflexe
Curieuse quoiqu'un peu perplexe
Sans moi vous l'eussiez deviné
Elle lui dit pour commencer
Quel bizarre chapeau que le vôtre
Seriez-vous par hasard gendarme ou polytechnicien
Et que faites-vous donc sur le front des apôtres
Est-ce vous la colombe ou la fumée du train
Je suis gentille cédille
Le S escamoté des mots de l'autrefois
C'est à l'hostellerie qu'on emmenait les filles
Le S a disparu me voici sur le toit
Et toi que fais-tu cédille
A traîner derrière les garçons
Sont-ce là d'honnêtes façons
N'es-tu point de bonne famille
Accent bel accent circonflexe
Voilà toute ma vérité
Je t'aime et pour te le prouver
Je fais un S avec un C.

"La Religion en France de la fin du XVIIᵉ à nos jours". (Hachette, collection Carré Histoire, 1991) Gérard Cholvy, professeur à l'université de Montpellier, a écrit, l'Histoire religieuse de la France contemporaine (Privat 1985/88) en trois volumes, avec Yves-Marie Hilaire.

Il donne dans ce nouveau livre un bon aperçu des transformations intervenues dans le sentiment religieux à partir de la Révolution. Il intéressera beaucoup de ceux qui cherchent à situer le mouvement catholique social au XIXᵉ siècle et l'encyclique Rerum Novarum.

La présentation du livre en fait un excellent ouvrage de consultation. De nombreux textes cités à la fin de chaque chapitre permettent d'entrer en contact avec la mentalité de chaque époque et une chronologie très large donne des ailes à nos mémoires endormies.

DU SIECLE DES LUMIERES A CELUI DE LA BOMBE.

La saison du Bicentenaire de la Révolution de 1789 bat son plein et avec elle des vols de livres sillonnent le ciel des librairies et des bibliothèques. Chasseur d'élite je vous rapporte une lourde gibecière.

"Les Philosophes et La Liberté", de Huisman et Salem, aux éditions Sedes, rassemble les plus grands et les plus beaux textes sur les problèmes de la liberté. Peut-on tirer de la nature l'idée de la liberté ? Vouloir et choisir, devoir et liberté, la société peut-elle donner un droit à la liberté ? De Lucrèce à Boukanine en passant par Bossuet, et les autres.

"Quand les Francs-Maçons étaient Légitimistes" par Alec Mellor chez Dervy. L'auteur nous montre une maçonnerie traditionaliste et monarchiste et s'efforce de l'innocenter d'avoir préparé la révolution.

"La Couronne de Feu", toujours chez Dervy, de Henry Montaigu. C'est une lecture symbolique de l'histoire de France. Le premier tome, consacré au **Roi Capetien Hugues**, sera suivi de trois autres volumes, Le Roi Valois, Le Roi Bourbon et enfin Le Roi et la Révolution.

"Les Marins au Temps de la Revolution" De J. Meyer, **"La Bourgeoisie"** de C. Nieres, **"Le Clergé"** de J. Queniart et **"Les Paysans"** de J. Gallet sont des productions heureuses des Editions Ouest-France.

"Institutions Municipales à Aix en Provence sous la Révolution" du chanoine Derobert-Ratel étudie la vie quotidienne à Aix dans la tourmente. Edisud en est l'éditeur de même pour **"Les Horizons de la Liberté"** de Monique Cubells qui relate les événements révolutionnaires en Provence, en germe dès 1787.

"Memento d'Histoire de France", aux éditions Bredys est indispensable pour voyager dans toutes les grandes dynasties européennes, voir et comprendre.

"Femmes et Révolution", collection chez Alinea, propose le féminin révolutionnaire : **"Citoyennes Tricoteuses"** de D. Godineau, étude des femmes populaires, **"Les Droits de l'Homme sont aussi les nôtres"**, du même auteur, sur les droits politiques des femmes d'alors, **"le Savoir ou la Raison"**, de G. Fraisse, une scène de la querelle entre les sexes.

"Les Droits de l'Homme, les Droits des Nations et la Paix" (pactes internationaux) est une édition de la Fédération Nationale des Déportés, Internés, Résistants Politiques (FNDIRP), 10, rue Leroux, Paris 16e.
Des documents, des raisons d'espérer et d'agir pour un autre monde, par référence au serment des survivants de Mauthausen.

"Cent Poèmes contre le Racisme" et **"Cent Dessins pour les Droits de l'Homme"**. Deux ouvrages publiés par Le Cherche Midi. Le premier préfacé par Elie Wiesel, le second par Piem.
Ils nous offrent deux bouquets d'esprit, de talent et de cœur, avec la signature d'artistes et poètes de renom.

"Le Combat pour la Vie" de Jean Toulat mise sur l'homme malgré la Bombe, l'avortement, l'euthanasie, les fractures politiques. (Ed. Nouvelle Cité).

"La Liberté Enchaînée", de R. Masson nous ouvre les yeux. Après cinq années de prison et de liberté surveillée en Roumanie, l'auteur retourne en Suisse et constate l'état de l'Occident : peu solidaire, peu favorable à l'éclosion de la foi. Danger ! (Ed. Nouvelle Cité).

"Dampierre en Pays Chouan", belle création d'Yves SWOLFS (on lui doit les B.D. western de DURANGO) sort aux éditions Glénat. La Vendée à l'automne 92 va changer la vie de ce jeune et beau palefrenier. Amours combats, idées et sentiments donnent un récit attrayant et un dessin remarquable. Pour grands et petits.

LITTERATURE AMERICAINE

Le prix Washington-La Fayette a été attribué fin novembre au roman **"Le Complot Beethoven"** de Thomas Hauser, auteur de Missing, paru aux éditions Ramsay.

C'est un suspens basé sur le fragment d'une symphonie. De la neige sur New York à la somptuosité d'un château autrichien, tous les matériaux sont rassemblés pour la réussite de ce livre, fin prêt lui aussi pour être porté à l'écran.

"Harlem Quartet" de James Baldwin, écrivain noir sur notre sol, a été aussi très soutenu par des membres du jury. Ses qualités en écriture et véracité dégagent une force de vie et de mort exceptionnelle. Stock s'honore et nous permet de reconnaître le talent d'un romancier authentique.

Remarqués également, et donc à lire, trois autres books : "**Je Fais un Rêve**", choix de textes du pasteur Martin Luther King (Bruno et Saporta, au Centurion), "**Le Passé Dérobé**" de J. Knowels et "**La Courbe du Chien**" de Th. Farber, tous deux sortis chez Gallimard.

Le Prix Washington-La Fayette, qui, cette année récompensait un auteur américain traduit en français, distinguera l'an prochain un auteur français traduit aux USA ou décrivant une ambiance américaine. C'est ça l'amitié par-dessus l'océan.

PHILOSOPHIE

"Aux Risques de l'Autre". Aux éditions du Cerf, dans la collection Parole Présente, voici le premier livre de Bernard Ibal.

L'auteur, né en 1946, est docteur d'état en Sorbonne et enseigne la philosophie en Occitanie. Il écrit dans la revue Communio quand ses activités syndicales, au Conseil Economique et Social, lui laissent encore quelques heures de réflexion intérieure.

"Aux Risques de l'Autre" est construit comme un triangle parfait que l'œil du philosophe appréhende en trois temps :

- L'angoisse de Prométhée

La condition humaine est celle du déchirement : déchirements physiques, moraux et sociaux vécus dans les souffrances et l'angoisse. L'altérité semble malédiction. L'Occident s'est orienté vers la lutte contre le déchirement : la médecine, les techniques et la politique tentent de le réduire. Mais cet acharnement de l'histoire des sciences et des techniques ne s'effectue justement que par l'angoisse du déchirement. Tel est le sort de la civilisation prométhéenne : ni passion, ni sérénité.

- L'exaltation de Dionysos

Pourtant les goûts du risque, du jeu, du sport, de l'art, de la recherche, de l'action, de la liberté et de la responsabilité, révèlent une autre façon de vivre le déchirement existentiel : bonheur du "Je me trouve en me perdant". L'altérité est ici bénédiction. Mais cette joie dionysiaque n'est sans doute qu'un mirage, tant le désir de s'exalter (qui la recherche) est encore un désir, un manque, une douleur qui s'exaspèrent d'expériences fortes en expériences déchirantes. Nouvelle forme d'angoisse, celle du héros maudit : passion parfois mais sans sérénité.

- La gloire du Christ

L'Occident a oublié sa source : l'amour chrétien. Non pas cet amour mièvre à l'image sécurisante d'une ronde de l'humanité autour de la terre. Mais cet amour qui est d'abord expérience d'un appel au don de soi, expérience d'une subversion intime, expérience d'un "don qui donne à donner". Ici la glorification de l'homme par l'expression éperdue de soi, par le risque consenti, par le déchirement valorisant, n'est plus l'objet d'un désir d'exaltation, mais le fait d'une Exaltation qui nous est donnée et qui convertit. Dès lors, la passion de vivre jusqu'à en mourir se délivre de l'exaspération du héros pour se laisser conduire par l'Esprit : **passion et sérénité**.

Noble marche de l'homme en quête d'Unité.

JEUNE POÉSIE

Contrairement aux apparences, plus précisément aux silences des médias, la poésie est bien vivante, en particulier dans la jeunesse. Rien d'étonnant : l'espérance que portent les mots, la sensualité de leur musique, l'universalité du chant, correspondent à cette soif de vrai, de beau, d'humain et de divin mêlés qu'expriment, parfois avec maladresse, toujours avec sincérité, les jeunes qui refusent autant l'élitisme que l'égalitarisme.

Preuves à l'appui, deux livres de poètes au starter. Dans **"Prose et Poèmes Parisiens"** (Collection Club des Poètes), Guillaume Clifford et Pogo sont libres de toutes contraintes littéraires, sauf de leur qualité d'écriture. En parfaite association, ces deux créateurs de vingt ans, découverts par l'infatigable chercheur de talents qu'est J.P. Rosnay, sont témoins de leur temps : *"... nous n'irons plus au bois / les muguets sont fleuris et nous restons ici / à ressasser, à ruminer, pourquoi ? / en attendant demain nous perdons notre temps...*

Pleins de lucidité ces poètes : *"...le moment est venu, nul n'est fou, en chacun gît la vérité... on ne regrette rien, c'est le prix du voyage..."*

De son côté Maxime Besset-Sinaïs nous offre une plaquette **"Poésies"** (Le Méridien éditeur) toute chargée de promesses. Son précédent ouvrage, "Les Hespérides", paru en 1982 (M.B.S. avait alors 19 ans), n'a pas eu les faveurs de la presse. Réparons vite cette injustice en saluant sa nouvelle, livraison, il le mérite.

Une interrogation comme : *"...Qui nous dit qu'en une minute nous n'avons pas vécu l'éternité ?"* questionne et trouble notre matérialisme quotidien. Et des vers tels que *"... tes yeux étaient paysage / collines et terres lointaines / au creux de leurs sillages / coulait l'eau d'une fontaine / ..."* nous communiquent cette fraternité qui est pour le poète en herbe l'axe essentiel de toute création.

Voilà une jeunesse à coup sûr salvatrice.

POUR FRISSONNER

Un polar par an. Tel semble être le rythme des aventures policières dans lesquelles Jérôme Bucy nous invite à frissonner, et parfois même plus.

Après "Jérusalem Interdite" (2002) qui a obtenu le prix du Goëland masqué, suivi de "Amères désillusions" (2003), c'est cette année **"La Maison des Enfants Rouges"**, un véritable puzzle machiavélique, que nous propose Jérôme Bucy.

Marine, l'actrice principale de ce thriller psy, n'a vraiment que faire de notre souffle au cœur. LIV' éditions - Roman liv. poche

CHOUANS.

A l'approche du bicentenaire de la révolution française, créateurs, historiens et artistes se lancent, avec plus ou moins de bonheur et de sincérité, dans l'aventure de nous faire revivre cette épopée, fantasmatique, glorieuse, tragique. Révolution, Terreur, Restauration, Empire...
Nous avons remarqué quelques livres.

"La Justice Révolutionnaire", chez Laffont en collection "Les Hommes et l'Histoire" de J.F. Fayard avec une préface de Pierre Chaunu. C'est la Terreur au jour le jour d'après les dossiers de police.

"De la Revolution à la Chouannerie", chez Flammarion, collection "Nouvelle Bibliothèque Scientifique", par Roger Dupuy. L'auteur met en évidence l'antagonisme entre le monde paysan et la classe politique du 18ème siècle.

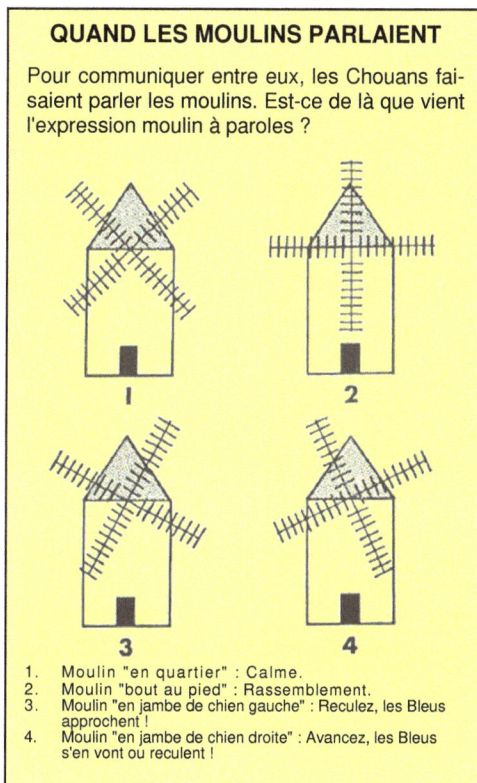

QUAND LES MOULINS PARLAIENT

Pour communiquer entre eux, les Chouans faisaient parler les moulins. Est-ce de là que vient l'expression moulin à paroles ?

1. Moulin "en quartier" : Calme.
2. Moulin "bout au pied" : Rassemblement.
3. Moulin "en jambe de chien gauche" : Reculez, les Bleus approchent !
4. Moulin "en jambe de chien droite" : Avancez, les Bleus s'en vont ou reculent !

"Louis XVIII", chez Fayard, par Evelyne Lever. Un monarque trop caricaturé que ce livre, bien que d'une neutralité fade, réhabilite dans sa souffrance d'exilé.

"Les Brigands du Roi", d'Alain Racineux, publié par l'Université de Haute Bretagne. Les épisodes, vrais et vivants, de la rébellion, documents à l'appui. Une thèse qui a permis à son auteur d'être lauréat du prix d'histoire Alfred Genoux.

"Scènes de la Chouannerie" par Emile Souvestre. Paru en 1854 chez Michel Lévy, réédition réalisée par Yves Salmon, éditeur. Il s'agit de récits, pour la plupart recueillis par l'auteur auprès de témoins survivants de la guérilla populaire dans La Mayenne où l'appellation de chouan vit le jour.

"Portraits de la Revolution et de l'Empire", chez Tallandier, par Charles Nodier. Ces textes sortent à point, bien préfacés par Luc Steimmetz. Ils n'avaient pas été publiés depuis 1850. Nodier, qui fréquenta les sociétés secrètes, nous mêle aux querelles des girondins. Mais, en conteur magicien, la vérité joue par mille miroirs.

N'oublions pas le film de Philippe de Broca, "**Chouans**". Certes la plus extrême prudence du cinéaste affaiblit par moments la fougue des idées s'affrontant, la passion des paroles, des cœurs et des corps proches et opposés. Mais l'épopée reste belle, vibrante, même si quelques touches d'invraisemblance passent mal. Philippe Noiret, Sophie Marceau, Lambert Wilson et Stéphane Freiss forment chacun dans leur rôle, le carré d'as de cette partie héroïque et sanglante.

"Couleurs", de Remy de Gourmont, Ed. Ubacs.
Remy de Gourmont (1858-1915), écrivain subtil et secret, fondateur du Mercure de France, ami des symbolistes comme d'Apollinaire et de Jarry, nous laisse une œuvre décisive tant dans le domaine du roman que dans celui de la philosophie. (Proses moroses, Sixtine, La Culture des idées, Une Nuit au Luxembourg, Promenades philosophiques).

Arthur Rimbaud, avec son Sonnet des Voyelles, dota chaque voyelle d'une couleur. Remy de Gourmont, lui, eut la belle idée de marier en de courts récits chaque couleur à l'évocation chamarrée d'une femme.

Avec ces quinze nouvelles, Gourmont nous offre en effet autant de portraits contrastés, autant de visages de femmes que le rouge du plaisir et de la joie empourpre à loisir. Images de femmes ingénues, innocentes, coupables, consentantes que l'auteur trace pour nous avec une science infinie et un talent de conteur qui ne se dément jamais.

Les "Couleurs" (1908) sont les dernières nouvelles écrites par Remy de Gourmont. Jamais rééditées depuis plus de cinquante-cinq ans, elles figurent à coup sûr, parmi toute son œuvre, comme les récits les plus élaborés et les plus modernes.

Laissons-nous fasciner de nouveau par le charme de ces héroïnes indolentes ou lascives.

"Du Triangle à la Croix" de J.L. Provost, Nouvelles Editions Debresse, préface de R.P. Riquet.

Alors que toute sa vie n'avait été animée et justifiée que par un athéisme convaincu et un anticléricalisme militant au sein de la Franc-Maçonnerie du Grand Orient de France, la Pratique du rituel et l'étude des symboles maçonniques, une soif intérieure de tolérance dans un monde intolérant et cruel ont été, pour l'auteur chercheur de Lumière et de Vérité, une préparation inconsciente et secrète au rendez-vous imprévisible que l'Amour de Dieu lui avait réservé de toute éternité pour le conduire du "Triangle à la Croix".

"Estivante". (Club des Poètes) Jeune, belle, malicieuse et musicienne, telle est Danièle Lauprêtre, telle est sa poésie. Son premier recueil, paru au Club des Poétes, sous le titre (féministe ?) "Libre et éprouvé" (au masculin !) se lit à petites gorgées comme les touches de bonheur adolescent que sont ces poèmes d'été, je veux dire de juin, quand la saison haute s'annonce.

D'où ma préférence pour des moments tendres, exemple : "*un petit matin gris - a rongé ma biscotte - épépiné mon pamplemousse - et englouti mon jus de carotte -. Un petit matin gris a desservi la table - a tiré les volets - refermé son cartable - et puis s'est mis au lit*".

Ce petit matin-là donne sur un grand jour.

"Cinq Siècles". Si pour offrir, ou vous faire un cadeau, vous recherchez un bon livre ou un manuscrit, passez donc au 84 du boulevard Saint-Germain, à Paris dans le 5ème arrondissement (métro Cluny-Sorbonne).

Ici la Galerie Saphir vous présente des bouquins exceptionnels et des manuscrits rares, à des prix équilibrés.

Un "**Cyrano de Bergerac**" de l'édition originale de 1898 chez Charpentier et Fasquelle. "**Vers l'armée de métier**" de Charles de Gaulle, exemplaire de l'édition originale de 1934, chez Berger Levrault. Et des jeux d'épreuves de "**Bella**" de Giraudoux ainsi que des Incunables de Pierre d'Ailly, cardinal-archevêque de Cambrai (1490) et des Post-Incunables de St Bonaventure et de St Bernard de 1502 et 1512. Catalogue sur demande.

"Le Maitron". La mort de Jean Maitron (1910-1987), pionnier de l'histoire du mouvement ouvrier, a été largement commentée par la presse. Les journaux des horizons les plus variés ont souligné son esprit d'entreprise et sa ténacité.

Son but était de donner un statut scientifique à l'histoire ouvrière pour mieux la mettre au service des militants.

C'est en franc-tireur que Jean Maitron multiplia les initiatives pour doter l'histoire ouvrière des outils (archives, institutions, revues, ouvrages de référence) nécessaires à son développement. Ce fut d'abord la fondation, de l'Institut français d'histoire sociale qui recueillit les papiers de nombreux militants. Sa grande œuvre est le "Dictionnaire Biographique du Mouvement Ouvrier"qui couvre en 4 séries la période 1789-1939, sur 30 volumes. On ne peut comprendre la force du réseau de 260 auteurs constitué par les correspondants du **Dictionnaire** sans prendre en compte la qualité des relations humaines que savait créer Jean Maitron, son intérêt pour les êtres, leurs recherches.

On ne le comprendrait pas non plus si on ignorait son respect pour les militants, dans leur diversité, sa volonté de faire voisiner chrétiens et libres-penseurs, communistes et anarchistes, révolutionnaires et réformistes, le tout sans jugement de valeur. Les biographies, qui varient de quelques lignes à plusieurs pages, selon l'importance du militant et les sources, s'appuient sur les renseignements fournis par la presse, les archives mais aussi sur l'apport irremplaçable du témoignage.

Le dernier volume publié, le tome 30, couvre les lettres Gim à Gs de la période 1914 à1939. Mais, la rédaction et la publication continue sous la responsabilité d'un collectif animé par Claude Pennetier (que Jean Maitron avait associé à la direction de l'entreprise) et dans lequel Jean-Louis Panné s'occupe plus particulièrement des syndicalistes chrétiens. Pour la lettre L et au-delà, tous les renseignements concernant les militants chrétiens, parisiens ou provinciaux, ayant eu une responsabilité même minime, intéressent les auteurs.

L'achèvement de la période 1914-1939 peut être envisagé dans un délai de trois ans. Encore faut-il faire connaître le Dictionnaire, exiger sa présence dans les bibliothèques, les archives et, pourquoi pas, acquérir et faire acquérir le MAITRON.

Le **Maitron** est publié par Les Editions ouvrières.

LA FOI AU CORPS

Avec deux livres, vivants et bien imagés, Charles Grange met à la disposition des parents, des enseignants et des catéchistes deux outils devant leur permettre une autre approche des enfants dans l'épanouissement de leur foi. "**Le Langage du Corps**" et "**Geste, Memoire et Invention au Catechisme**" rappellent que le langage du corps est le premier opérationnel chez l'enfant, trop souvent bloqué au niveau gestuel.

Par des exercices, des propositions d'expression des improvisations aussi, les enfants bénéficient d'une pédagogie débarrassée d'intellectualisme.

Ainsi sacrements et liturgie, par le chemin du sensible, du senti, du perçu, s'enracinent au plus profond de la vie intérieure de l'enfant grandissant.

Lire vite et bien, cela est possible grâce à sept ouvrages ne dépassant pas chacun une petite centaine de pages.

"**Bars**". Préfacé par Patrick Lorenzi, recueille les poèmes du poète toulonnais Léon Verane (éditions Gehess). Bars est paru en 1928. Il s'agit donc d'une heureuse réédition. Léon Vérane (1886-1954) était proche des Carco et Mac Orlan. Brassens aurait pu mettre ses poèmes au cœur de sa guitare, exemple :

> *"Les regrets comme les désirs*
> *Ce qui fut, ce qui devait être*
> *L'aube sera prompte à blanchir*
> *Les carreaux de cette fenêtre.*
>
> *Les désirs comme les regrets*
> *O barman ! dis-leur de se taire.*
> *Si j'avais encore un secret*
> *Je ne le dirai qu'à mon verre.*

J'invite un jeune chanteur à interpréter de tels textes.

"**D'Autres Venises**". (éditions Nicolas Chaudun). Non Venise n'est pas triste, même si Paul Morand nous dit que "*les écrivains ont tellement versé de larmes sur Venise qu'on n'y circule plus qu'en bateau*".

Cet opuscule, ce carnet d'impressions d'un voyageur infatigable - pour moi grand frère de Michel Deon et Loràmt Deutsch (Metronome) - a sa place dans la poche intérieure du blouson de tout promeneur solitaire.

"**Lettres du Maroc**", "**Les Gueux de l'Atlas**" et "**Cahier du Maroc**". En trois mini livres (éditions Khbar Bladna) nous suivons le peintre Nicolas de Staël durant son séjour au Royaume chérifien dans les années trente. Quelques reprises d'études, esquisses à la mine de plomb et à la plume, encres noire et bleue, témoignent de la perception sensible du peintre non seulement du visible mais aussi à l'intérieur des êtres et des choses. Lettres, notes, réflexions d'un homme épris de lumière.

"**Indignez-Vous !**". Epris aussi de lumière, de la lumière qui chasse les ombres, les ténèbres de l'injustice, tel est Stéphane Hessel dans son coup de gueule aux éditions Indigène :

A 93 ans, le co-rédacteur de la Déclaration universelle des Droits de l'homme appelle à une insurrection pacifique pour contrer, dans l'esprit du Conseil National de la Résistance-CNR, les mauvais traitements faits aux plus faibles et à la planète. Parfois partisan, toujours sincère.

"**Le Bréviaire de Talleyrand**" pensées, maximes, réflexions (Editions Horay, présentation Eric Schell).

"C'est là le vrai Talleyrand" écrit le quotidien Le Figaro en mars 1891.

En ces temps d'auto-censure nous avons là de quoi mettre du piment dans nos conversations.

Tenez : "*Le monde moral et politique, comme le monde physique, n'a plus ni printemps, ni automne ; on ne voit qu'opinions qui glacent ou opinions qui brulent*".

"**Un Prince Français**". Les chefs de la Maison de France, exilés ou rentrés sur le territoire national depuis les années 50, n'ont cessé d'observer et de s'exprimer, dans le cadre légal imposé, non sur les faits d'immédiateté mais sur l'essentiel historique prolongé par un projet porté par des convictions.

Cette tradition familiale de l'écrit nous la retrouvons dans "Un Prince Français" dont l'auteur n'est autre que Jean de France, duc de Vendôme, petit-fils de feu le Comte de Paris.

"Un Prince de la Jeunesse". Quelle heureuse et opportune initiative que celle de la maison "Les Equateurs" de rééditer "Mes Cahiers" de Maurice Barrès, l'édition originale étant parue entre 1896 et 1931.

Heureuse initiative, réparatrice, car une trop épaisse poussière d'incompréhension, voire de censure feutrée, voile l'œuvre de ce janus dandy et nationaliste, ce "Prince de la Jeunesse" qui a marqué autant Aragon que Bernanos et qu'on retrouve chez de Gaulle dans l'expression d'une "certaine idée de la France".

Initiative opportune à l'heure où notre vieux pays est en plein désenchantement, où le romantisme verdoyant altermondialiste joue à "tu me tiens, je te tiens par la barbichette" avec l'ultralibéralisme totalitaire de la fortune vagabonde.

Ce premier volume des Cahiers - quatre suivront - couvre la période 1896/1904. Ainsi aurons-nous une excursion intellectuelle de la France marquée et meurtrie par Verdun et l'Affaire Dreyfus, cette France aujourd'hui encore et depuis deux siècles à la recherche de son unité politique, de son harmonie sociale, tout comme Barrès a tenté de s'évader du Guantanamo des "Déracinés" en gravissant, par le chemin "Du Sang, de la Volupté et de la Mort", l'éternelle "Colline inspirée".

"Mes Cahiers" par Maurice Barrès Ed. des Equateurs

"**Un Singe en Hiver**" L'été n'est plus. Depuis longtemps déjà le dernier des touristes à chemises bariolées a pris la route de la gare. Tigreville somnole au pied de son clocher et sa plage est maintenant déserte.

Suçant ses bonbons, ruminant ses voyages et son serment, Quentin, l'ancien quartier-maître d'Extrême-Orient, reste de longues heures, muet, dans le vestibule du Stella, l'hôtel qu'il tient avec Suzanne, sa femme.

Leur vie est un fleuve sans crues ni décrues.

Un soir, un taxi venant de Deauville décharge Gabriel Fouquet.

Pourquoi Quentin, malgré "sa muraille de Chine" donne-t-il à ce voyageur qui "détraque les saisons" autre chose que l'absence de ces gestes ?

Et Fouquet s'incruste au Stella et à Tigreville.

Chez Esnault il ne crache pas sur le calva. Quentin va-t-il rouvrir son café, ce musée poussiéreux, pour mieux sentir Fouquet ?

Il lui a déjà prêté la clé du jardin.

Ainsi s'effrite la muraille et se rapproche les rochers.

Puis c'est la Toussaint. De toute l'Europe on vient se recueillir dans les cimetières militaires et s'épanouir dans les restaurants... Les cours Dillon, où se trouve la fille de Fouquet, libère ses élèves. Et les rochers se touchent, faisant jaillir mille étincelles avant de se séparer.

Il faut lire "Un Singe en Hiver" (éditions de La Table Ronde), comme on fume une bonne bouffarde. Ici, comme dans "L'Humeur Vagabonde", le personnage principal n'est pas celui qu'on pense. Antoine Blondin est-il pleinement l'auteur de ce jeu de projecteurs ? Sa plume ne vient-elle pas, malgré le plan tracé, "détraquer les saisons" de son roman ?

Ennemi des explications de texte, je vous invite gauloisement à boire, 'à déguster cet élixir sans en connaître le secret.

"Notes intimes". Tantôt mistral, tantôt brise marine, ces "Notes intimes" (Libraire Stock) de Marie Noël sont toujours le vent qui purifie notre ciel intérieur, la foi. Elles m'ont essoufflé l'âme et je suis encore dans l'état du coureur qui termine un mille mètres.

Une vie endiguée par l'obéissance et la fidélité à Dieu mais aussi une vie avec la fraîcheur de la source et le chant des cascades, les bonds audacieux du torrent. Le tourment et la paix des grands fleuves s'écoulent ici, entre nos doigts, au fil de quelques trois cents pages. Dans sa note préliminaire, sur le perron, Marie Noël prévient le lecteur du risque d'avalanche qui le guette s'il décide, comme un "*âne confiant*", de la suivre jusqu'aux "*tréfonds dangereux de son inquiétude religieuse*". Elle lui souhaite aussi d'en revenir l'âme grandie car "*il est salutaire, que, pour grandir en Dieu, une âme se mesure*".

J'aime dresser ma tente loin des terrains de camping. Un vagabond peut me voler mais au matin les oiseaux chantent plus clair. Aussi c'est avec empressement que j'ai suivi Marie Noël.

Au début, comme lorsque j'entre dans une salle de cinéma et que le spectacle est commencé, j'ai cherché l'ouvreuse et sa petite lampe. Personne. Je marchai sur une pensée, bousculai une hypothèse. Je trouvai enfin un strapontin, un proverbe wallon sur la sagesse des nations : "*Aime ton voisin mais plante ta haie*". A l'entracte mes voisins me dirent que c'était un documentaire sur la spéléologie. Erreur. Les notes d'avant 1933 sont un voyage au centre de l'homme.

Puis nouvelle obscurité, moins étouffante. Le grand film ? peut-être. De "*Nyons à Montélimar*" quelle fraîcheur ! et quelle malicieuse cette Providence qui fit de Roger Lafargette, (député radical-socialiste de l'Ariège sous le Briand Aristide), un messager porteur du chant divin de l'Auxerroise !

Bientôt 1940. Marie Noël pressent le châtiment. Elle écrit, en parlant de la religion : "Pour elle, jadis, pour son espérance terrestre, joyeux ses amants sont morts. Pour elle, demain, sans autre espérance que le ciel, ses fils, généreusement, mourront aussi. Et il y aura moins de fraîche passion mais plus d'amour dans la dernière mort que dans la première."

Le grand film était bien projeté. Les années, les dates désormais ne comptaient plus. Voici "la prière de l'âne qu'agacent les mouches", les réflexions sur l'emploi de la ponctuation en poésie, et les souvenirs sur l'abbé Bremond.

Je vous l'ai dit plus haut, ces notes m'ont essoufflé l'âme ; elles ont aussi brûlé toutes mes feuilles mortes.

"L'Oiseau Rare". Si vous aimez la pizza et la ratatouille niçoise, vous aimerez "L'Oiseau Rare" (Gallimard). L'oiseau rare est une spécialité de Jacques Perret. Ce maître de la nouvelle pétrit vocables et logiques et, ainsi, sa pâte monte sans une pincée de levure.
Les quatre nouvelles rissolées qu'il nous sert aujourd'hui valent le coup de fourchette.
Avec la première, qui justifie le titre du recueil, nous nous embarquons sur un caboteur vieux comme la vapeur, le Messager de Pluton. Et comme si l'équipage, du capitaine aux chauffeurs sans oublier le second et le timonier, en espadrilles, n'avait pas suffisamment de relief, voici qu'une Grande Geôle de la Compassion, oiseau rare à n'en pas douter, se pose un soir parmi les manches à air. Il s'ensuit un merveilleux jeu de masques teinté de pirandellisme, une partie de colin-maillard.
La seconde parachute un paysan bien de chez nous dans les grands blés du Canada. Le "Tourangeau de Winnipeg" et son compagnon de moisson, un faux docker mais vrai philosophe, touchent du doigt l'écran panoramique et le technicolor. Leurs réactions ne nous encouragent pas à imiter ce geste héroïque. Mais comme tout chez nous finit par des chansons, tristes ou gaies, les dernières lignes de cette nouvelle chantent le retour de l'enfant prodigue.
Puis pour une barbe, la sienne, le maître d'hôtel unijambiste d'un cargo bananier rempile pour la révolution. Il est vrai que le cargo fait escale au Mexique où notre maître d'hôtel fut jadis général. En ma qualité de barbu je tiens à féliciter Jacques Perret pour les deux pages (129 et 130) qu'il consacre à la description d'une barbe de style ; un travail de ciseleur !
Après le Mexique, la Guyane. La Société Minière Equinoxiale a confié la direction d'un de ses placers africains à un jeune prospecteur, Florent Turbinet. Malheureusement pour elle, et heureusement pour nous, Turbine est un prospecteur assagi. Il est plus souvent assoupi dans son fauteuil à bascule en compagnie de son lézard, de son tapir boiteux et de Grand-Père, perroquet contemporain de Louis XV, que sur le chantier à manier la pioche et la pelle. Jusqu'au jour où une lettre du siège prévient notre Robinson de la visite prochaine d'un ingénieur chargé d'inspecter le placer. Que se passe-t-il alors ? Vous le dire serait péché mortel. Une histoire en or est un secret qu'on garde.
Voici la carte. A vous les plaisirs de la table.

La poésie a ceci de divin : Le Temps n'altère pas la beauté de ses formes, sa couleur de jeunesse, sa musicalité.

En ces heures claires-obscures de notre histoire nationale, j'ai relu les "**Poèmes de Fresnes**", de Robert Brasillach, démocratiquement assassiné.

Le poète n'est plus, son œuvre demeure car nul n'anéantit ce qu'inspirent les Dieux. Ses poèmes sont des amis, des camarades : ils entrent chez nous sans attendre le "tirer la chevillette et la bobinette cherra".

Au soir de la tragique fusillade de la rue d'Isly à Alger c'est le premier vers de son psaume IV qui nous hèle :

"Seigneur, voici couler le sang de la patrie."

Et maintenant, bien que Dame Censure protège Jacobine, un chant d'espoir, les quatre derniers vers du psaume I, montent et résistent :

"La sottise au-dehors dans le sang rouge baigne,

Et l'ennemi déjà s'imagine immortel.

Mais lui seul croit encore au long temps de son règne

Et nos barreaux, Seigneur, ne cachent pas le ciel."

Une réédition des "Poèmes de Fresnes" serait la bienvenue. Editeurs à vos marques !

"La Chevalerie". Il semble difficile de faire mieux que cette œuvre de Léon Gaultier grâce à laquelle vous pourrez avoir une connaissance parfaite d'un sujet passionnant.

On doit féliciter les Editions Pardès de cette réimpression de l'édition de 1895, augmentée d'une présentation de B. Marillier. 924 pages, 25 planches hors textes, 152 figures, nombreux culs de lampe et entêtes : un monument !

"La Corrida de la Victoire". (Ed Albin Michel) Les Madrilènes mouillent de sueur leurs chemises. Il fait chaud, très chaud, mais cela ne les empêche pas de parler, devant l'anisette, de la Corrida de la Victoire. Tous les murs l'annoncent cette corrida, tous les journaux aussi. Madrid ressuscite et tente d'oublier sa descente aux enfers, et le Caudillo peut maintenant promettre *"Que ceux des Rouges qui n'ont pas de sang sur les mains cessent de craindre !"*.

Comme il les savoure ces premières heures de paix retrouvée, le colonel franquiste Luis de Santisteban ! A la Montera, avec Trini, autour d'elle, il rebâtit son bonheur, laissant aux autres officiers la course aux grades et l'essayage chez les tailleurs à la mode. Il veut oublier que Juan, son frère, était de l'autre côté de la grande barricade.

Qu'est-il devenu Juan ? Est-il encore vivant ? Est-il passé en France avec le gros des troupes gouvernementales ? Non. Juan est revenu à Madrid. La route a été longue et harassante, dangereuse comme toutes les routes. Et, en ce soir de juin 1939 plein de fortes odeurs d'huile d'olive, il attend, à la Montera, il attend que Luis rentre du Ministère. Trini n'a pu le renvoyer (un homme s'impose toujours), mais elle espère que Luis, lui, le renverra. C'est une nécessité.

Mais Luis a fait Teruel, il connaît les faiblesses humaines, toutes. Cette situation, fruit vert de la guerre d'Espagne, n'est pour Georges Conchon qu'un bon et solide lance-personnages. Page après page le conventionnel décor espagnol s'estompe. Ce que veut Georges Conchon c'est confronter le Vainqueur et le Vaincu, c'est fouiller, sans trop de sadisme, les ruines de deux hommes et mettre à jour leurs sentiments, même les plus barbares, en plaçant ces hommes sous les tropiques de la morale.

En pleine possession de son style et du sujet choisi, Georges Conchon ne pouvait que réussir son roman.

Et les Libraires de France, en lui décernant leur Prix, ont montré une fois encore qu'ils sont gens de bon goût.

"Présence de Virgile". Grâce à l'Association des Amis de Robert Brasillach, mes espérances du mois dernier sont en partie désaltérées. En effet, avec l'arrière-saison littéraire, la Librairie Plon publie un essai sur Virgile signé Brasillach.

Qui mieux que Brasillach pouvait nous parler de la jeunesse, de la vie et de l'œuvre du Grand Latin ? Avec son accent poétique incomparable, l'eau claire de sa fontaine, l'enthousiasme de sa pensée, il transfigure le Virgile des manuels scolaires.

Et de Mantoue à Naples c'est l'éternel langage de l'amitié.

"Le Tumulte des Idées". Pour André Wolff le monde où nous vivons est un objet aux lignes régulières, quelque chose comme un ballon de rugby. Or le poète déteste les sports, il le confesse : "*Il me faut être franc, je déteste les sports. / Tous dans le même sac, ensemble je les fourre, / Qu'il s'agisse de boxe, ou bien de chasse à courre, / De rugby, de football, de patins à ressorts.*"

Aussi ne nous étonnons pas de l'entendre insulter le ballon-Terre dans le recueil qu'il publie aux Editions de la Revue Moderne. Aux tourments d'ici-bas, il oppose la paix de l'Au-Delà, mais il aime la Grèce antique il y a là je crois une profonde contradiction.

Enfin, André Wolff forge de belles pièces, élégantes et au rythme bien soutenu, nous devons donc le saluer au passage.

RAMUZ

Sur la plus haute Marche un Vigneron chantait...
"On dirait qu'il prend avec les yeux les choses qui sont et les arrange de sorte qu'elles sont à nouveau, et elles sont les mêmes, et elles sont autrement."
Ramuz a dit cela du regard du vannier dans *"Passage du Poète"*. Qu'il me soit permis d'éloigner le personnage et de le remplacer par l'auteur. Alors nous nous trouvons en face du "j'avance ceci : rendre à chaque objet son poids et son volume et ne pas se borner à peindre l'apparence des objets", de Paul Cézanne. Et, sous cet éclairage, toute l'œuvre de Ramuz devient plus perceptible parce que mieux exposée.
Avec les moyens du bord, la volonté et la patience, Ramuz se met donc au travail. Etant vaudois, c'est-à-dire d'une province qui n'en est pas une, il bénéficie d'une certaine liberté : celle de pouvoir s'exprimer autrement qu'en français classique sans être aussitôt accusé, bêtement, d'atteinte à la sûreté intérieure de la République. D'ailleurs, c'est hors du folklore et du régionalisme, loin même du naturalisme, qu'il veut planter son arbre.
Tout commence par un apprentissage : apprendre à voir, à enregistrer la perception élémentaire afin de "saisir une sorte de virginité du monde sensible" comme l'écrit si justement Albert Béguin.
Exilé volontaire (tout retour à ce qui dure nous éloignant de ce qui passe), Ramuz, parisien, nous donne son premier roman. *"Aline"*, petite villageoise abandonnée par son amant et qui meurt pendue, c'est la *"Beauté sur terre"*, la Poésie étrangère en ce monde, c'est le roman de l'homme seul. Mais déjà *"Samuel Belet"* nous montre, mieux qu'*"Aimé Poche"*, qu'une communion est possible si nous consentons à rentrer au Pays.
Ramuz suit le conseil de Samuel. De retour à La Muette il lance un émouvant Adieu à beaucoup de personnages. Et *"Raison d'Etre"* nous ouvre le grand portail de sa maturité. Viennent : *"le Règne de l'Esprit Malin"*, *"La guérison des Maladies"*, *"La Séparation des Races"*, et *"la Beauté sur la Terre"*, et tant d'autres joyaux...
Ramuz sait dire les choses ; il a, pour moi, atteint son but.
Mais il y a aussi en marge de toute œuvre la vie quotidienne, les amitiés à garder jeunes et vivantes, les relations à entretenir, les justifications à donner. Alors *"les Lettres"* (1), mieux qu'un journal peut-être, nous confient joies et soucis. Lettres à Henri Pourrat, à Paul Claudel, à Florian Delhorbe, à Igor Stravoinsky, à Jean Paulhan...

Toutes ces lettres qu'on a bien voulu regrouper, classer et nous offrir en un beau volume, avec de saisissants portraits de Ramuz. Toutes ces lettres qui attendent, patientes comme leur auteur, le soleil de nos amitiés.
(1) F. Ramuz : Lettres 1919-1947, Grasset.
(Les lettres de Ramuz de la période 1900-1918 ont été publiées, en 1956, aux Editions Clairefontaine, Lausanne.)

PAUL GUTH

"Jeanne La Mince". (Flammarion) Voici les aventures d'une petite fille espiègle, passionnée et tendre à la fois, qui depuis la mort de sa mère, une belle et sauvage chilienne, et l'exil de son père, absorbé par la culture et le culte du Haricot, vit chez sa tante Malérette.
Malérette est veuve. Un jour de moisson, pour les yeux d'une belle, son mari fit le drôle sur une batteuse... et la batteuse, vexée, le mangea. Elle tient une mercerie, "A la Confiance", sur une placette toute blanche de soleil, fraîche et silencieuse sous l'arcade. Monsieur le Curé y vient souvent dans "un froufroutement de soutane". Il est inquiet Monsieur le Curé. Jeanne aura bientôt l'âge d'aller à l'école, mais à laquelle, la libre ou la laïque ? Car si Malérette égrène bien le chapelet, l'oncle Octave, lui, est un bourgeois friand de curés.
Bien que nous soyons dans le Sud-Ouest un compromis pansera cette vilaine déchirure. Les trois filles d'Octave instruiront la "petiote". Laure lui apprendra la grammaire et le calcul, Flore le solfège et le piano, Léone le dessin ; et plus tard Flore et Leone l'initieront aux escapades nocturnes en compagnie de quelque jeune coq.
Par-dessus tout ça flottent les parfums d'un siècle fané, le refrain d'une chanson d'amour qui nous fait aujourd'hui sourire, et la casquette et les moustaches de Blériot.
Toutes ces aventures sont, à mon goût, un peu trop arrosées de naïveté et, comme pour les babas trop rhumés, même un grand gourmand hésite à dire : "c'est bien bon".
Mais puisqu'une longue vie est promise à la "Minçotte", souhaitons qu'avec l'âge s'efface ce péché mignon et fixons rendez-vous à Paul Guth à la sortie de sa prochaine Jeanne.

LE TEMPS DES CROISADES

Il manquait aux combats épiques qui firent de la Vendée une terre de héros, un chroniqueur, un Jehan Froissart. Il manquait, il ne manque plus.
Pendant plus de dix ans, Philippe Roussel fouilla archives et documents, écouta d'une oreille le *Souvenir Vendéen* et de l'autre le chant plaintif des ruines de La Durbelière. Alors, tout imprégné des senteurs du bocage, devenu compagnon de Charette et de La Rochejaquelein, il prit des notes, les assembla, en fit une synthèse, un livre bien musclé.
Ce livre il nous le donne avec modestie, avec simplicité, mais aussi avec l'espoir de réveiller en nous, dans notre âme trop paresseuse, le sentiment du Vrai. Il chante la **"Croisade Vendéenne"** (édité chez Les 4 Fils Aymon) non pour bercer la nostalgie de quelque vicomte autodidacte mais pour révéler aux Français une page de leur Histoire.
Du soulèvement de Beauvoir-sur-mer, à l'exécution de Charette, Roussel garde son sang-froid ; ses sympathies pour les Royalistes ne lui cachent pas les qualités militaires, le courage et l'honneur de certains généraux républicains et lui laisse voir et condamner les actions irraisonnées d'un Talmont.
Certes, face aux "Colonnes Infernales", son jugement est plus catégorique : "*Il m'était difficile de faire passer des massacreurs pour des héros*" ; mais qui peut nier aujourd'hui la barbarie de ces premiers nazis, du trio Pequel-Langlais-Prud'homme, confectionneur de culottes en peau de Vendéen, au général Amey dont la plus grande joie était de voir rôtir dans les fours les femmes et les enfants.
Et puis, voyez-vous, lorsqu'on referme cet ouvrage, on constate qu'un miracle inattendu, mystérieux comme tous les miracles, s'est produit en nous : mettant en échec le principe des vases communicants, nous aimons plus d'Elbée, haïssons moins Hoche et les siens.
Faut-il en dire davantage ?

Une autre croisade, berbère celle-ci nous est contée par Germaine Beauguitte dans son dernier roman : **"La Kahena, Reine des Aurès"** (Edition des Auteurs). Nous sommes en Berbérie, ou VIIème siècle de notre ère. L'Arabe occupe Kairouan mais l'arrière-pays lui est encore interdit. Là, rassemblées autour d'une belle et sauvage jeune femme, la Kahena, les tribus berbères résistent par tous les moyens.
Des combats sans pitié aux victoires sans pardon nous suivons la Kahena et ses légions d'amazones sans nous heurter à quelque longueur. Des folles chevauchées aux nuits offertes à Amour nous nous laissons charmer. C'est un bon livre d'aventures, d'histoire aussi.

HOMMES DU SOIR

Avec **"La Vingt-cinquième Heure"**, Virgil Gheorghiu nous enfonçait hier sous les ongles le cruel vingtième siècle, enfant légitime du stupide dix-neuvième. Pour cette torture il avait provoqué un déluge d'événements contradictoires et d'odeurs âcres et suffocantes. Il avait aussi dessiné dans ce ciel bas et lourd un oiseau aux ailes fragiles, au vol incertain : l'Homme.

C'était une tragédie à quatre personnages : Iohann, le primitif, avec tout ce que ce mot a de noble et de pur ; Koruga, le prêtre, impressionnant et reposant comme un cloître roman ; Traian, l'écrivain, l'intellectuel qui n'a pas encore renié ses racines terrestres et qui sanctifie le moindre geste coutumier ; et Suzanna, la fidèle épouse, Pénélope des Humbles.

Aujourd'hui Iohann s'appelle Tomitza et Suzanna, Johanna ; Koruga est le moine Visarion et Traian, le feldwebel Otto Ritter.

Mais avec **"La Cravache"** (Plon, Coll. Feux Croisés) Virgil Gheorghiu nous apporte autre chose ; il nous tend une sorte de fruit d'espérance, une hostie peut-être.

Je ne peux vous raconter cette épopée. Qu'il me soit toutefois permis de vous dire que nous sommes en Roumanie, au moment du renversement des alliances, en août 1944. Un paysan, réformé, marche à travers champs depuis plusieurs jours. Il rentre chez lui. Sa femme l'attend ; elle a, de lui, au plus beau mur, une grande photographie, un portrait. Mais Iarmarok, leur village, doit être évacué, ainsi en a décidé le Gouvernement. Puis-je encore vous dire que Tomitza n'atteindra pas Iarmarok et que pourtant il reverra tous ceux du village, non pas tous...

"La Cravache" est une vingt-sixième heure transparente comme une aurore, brûlante comme un crépuscule ; elle est une "Vingt-cinquième Heure" avec un je ne sais quoi de plus filtré, de moins crié, de mieux chanté. Et au "missa est" que nous murmure le poète, car Gheorghiu est ici bien plus poète que romancier, tous les vitraux de notre âme vibrent et de nos plus secrètes cryptes monte un "Déo Gratias".

C'est aussi de "l'homme et de sa destinée", pour employer l'expression de Lecomte de Nouy, que nous entretient Saint-John Perse dans son dernier poème, **"Chronique"** (Gallimard - NRF).
En vers désalignés dont il a le secret d'équilibre et d'aisance et d'où s'élèvent, comme geysers inattendus, de fougueux alexandrins, il situe l'homme dans le Temps, face à l'Age qui pour certains commence et pour d'autres finit :
"Grand âge nous voici. Fraîcheur du soir sur les hauteurs, souffle du large sur tous les seuils, et nos fronts mis à nu pour de plus vastes cirques...".

Asie, ouest, soir, reviennent souvent ; ils sont les mots-éléments du poète. Et c'est ici que Perse et Gheorghiu se séparent (pour se retrouver plus loin, plus haut). Car derrière Perse nous sentons l'intense présence de la mer, ce grand poumon, ce hublot grâce auquel les parfums les plus étrangers, les couchants des autres mondes, entrent dans nos cabines ; alors que Gheorghiu doit s'en remettre à la lucarne du ciel et aux fissures de ses propres parois.
Mais ils sont bien tous deux hommes du soir, des heures où la couleur et la lumière ne se souviennent plus des noces classiques, quand notre prière doit être :
"Grand âge nous voici. Prenez mesure du cœur d'homme."

"Dans le Vert Sillage des Cap-Horniers de Georges AUBIN (Flammarion). Les histoires de marins sont toujours les bienvenues. Elles nous sortent de nos habitudes de terriens, elles nous fouettent un peu le sang, et cela est bon de temps en temps. Et si, par bonheur, le conteur a de la verve, un parler sentant le large et les escales, alors c'en est fait de nos derniers liens avec la glaise qui colle à nos bottes, des horizons fardés d'arbres et des cheminées d'usines.

Confiteor, Japonaiseries, Ercole, Rancune, sont quatre nouvelles fortes en cocasse, lardées de poésie brutale, quatre paquets de mer qu'un puritain évitera d'embarquer.

C'est d'abord l'histoire d'un pôvre au sens méridional gabier de misaine qui, affaibli par la dysenterie et sentant bien que ses entrailles le lâchent, se laisse aller aux confidences, au confiteor. Le bosco sera son confesseur, pas un autre. Pourquoi ? Tout bonnement parce qu'il veut qu'à l'absolution divine vienne s'ajouter le pardon d'un mari. Et oui, jadis il s'est désaltéré aux lèvres de la payse du bosco et il ne tient pas à rencontrer St-Pierre, et à quitter son copain, avec cette vilaine tâche sur l'âme. Les requins le mangeraient.

C'est ensuite la fugue amoureuse d'un autre gabier de misaine, bien portant celui-là. Il profitera d'une escale à Yokohama pour aller cueillir la belle Japonaise dans une de ces maisons aujourd'hui délanternées chez nous. Il en reviendra fier comme un cocher, mais quelques jours plus tard..., enfin, vous voyez ce que je veux dire.

Dans la troisième nouvelle se trouvent les mésaventures, agréables pour certains, d'un jeune Italien plus tailleur que matelot.

Ercole, embarqué à bord du "Noémi" dans les conditions que voici : quatre hommes ayant déserté son trois-mâts, le capitaine se voit dans l'obligation de racler les tiroirs de la main-d'œuvre de Montevideo, et, faute de grives, de se contenter de quatre merles, dont Ercole. On verra ici comment un vieux loup de mer peut parfois se tromper et comment il sait tirer profit de son erreur.

Enfin, *Rancune* est un dessert exquis. L'histoire de cet ancien Cap-hornier devenu suisse d'église, et à qui incombe la charge de guider le grandiose convoi funèbre de l'Amiral qui l'avait cassé, est pleine de trouvailles, riche aussi en suspense, écrite pour être portée à l'écran.

Voilà donc un bon livre d'aventures gaillardes et vécues. On pense à certains vers de Paul Fort chantés par Brassens, certains vers de "*La Marine*".

RACINE

Dans le dernier numéro des Cahiers Raciniens, Maître Louis Vaunois, président de la Société des Etudes Historiques, parle de l'enfance et de la jeunesse de Racine, et M. A. Chagny nous entretient de la vie de Mlle Du Parc. Une excellente reproduction du portrait de Racine par Santerre et un cahier de notes du poète, donnent à cette publication une valeur incontestable.

Les Cahiers Raciniens sont édités par la Société Racinienne.

APRES LA BATAILLE

La saison des Prix est morte, bien morte. Prions pour elle. Et puis regardons de plus près deux romans sveltes et de bon aloi, **"La lettre d'Amsterdam"** (Robert Laffont) et **"Le bonheur du jour"** (Gallimard).

Pour aimer ces romans il faut être un peu poète, savoir se saborder comme les personnages de Claude Cattaert, et s'abandonner au roulis de José Cabavis.

Dans le premier on s'aperçoit bien vite, peut-être est-ce là un défaut, que la fuite de Pologne d'un fils de riches boyards n'est qu'un prétexte, un métier à tisser, et qu'il y a du "Moi" et du "Non Moi" dans l'air. L'assassinat du soldat allemand, le passage de la ligne de démarcation, en sont des preuves irréfutables. Mais il y a aussi tout autour de ce drame une foule d'images originales et une recherche certaine sur les moyens de mieux rendre les mouvements de l'âme et du corps. Et c'est cela qui en fait un livre à ne pas laisser chez les libraires.

Le deuxième est une toile de Villon. La phrase-ouverture *"Je serais un autre si je n'avais pas tant aimé la Comtesse de Ségur"*, m'a de suite mis la puce à l'oreille ; ici, me suis-je dit, le Temps ne règne plus. Et c'est bien vrai. Pour dessiner le portrait de l'Oncle Octave, José Cabanis a jeté loin de lui la gomme.

Aussi voyons-nous plusieurs visages superposés au gré d'un souvenir ou d'une déduction. L'association d'idées suit son bonhomme de chemin, le rêve ne reste pas sur la touche, et l'Oncle Octave revit et s'en va sans laisser d'adresse. C'est un peu la belle histoire de Pinocchio, des marionnettes qui "font trois petits tours et puis s'en vont", et qui nous ressemblent, nous ressemblent bien...

UNE BOUFFEE D'AIR PUR

Sans attendre Le Temps des Amours, il me prend l'envie de vous parler des **"Souvenirs d'Enfance"** de Marcel Pagnol (**"La Gloire de mon Père"**, **"Le Château de ma Mère"**, **"Le Temps des Secrets"**, aux Edit. Pastorelly.).

Je crois que pour en "profiter au maximum" il faut bien se dire, avant même de couper la première page de **"La Gloire de mon Père"**, que c'est Pagnol, tout entier et lui seul, qui est là derrière, et non César ou Monsieur Brun. D'abord parce que penser le contraire lui ferait de la peine, ensuite parce qu'il ne faut pas mélanger les genres littéraires et niveler les moyens d'expression, enfin pour la simple raison que les pages suivantes, et en particulier celles consacrées à la découverte de la garrigue par le Petit Marcel, vous donneraient bien vite un léger coup de coude, comme pour vous obliger à. constater votre erreur de jugeote, et le lecteur ne goûte guère ce genre de réflexion. Aussi, pour éviter la brouille, suivez mon conseil.

Brasillach a écrit quelque part dans *Présence de Virgile*, une page émouvante sur l'enfance, mais qui se termine ainsi "Il n'y a pas de choses à dire sur notre enfance."

Je suis sûr qu'il évincerait cette affirmation d'un coup de plume, d'un seul, s'il revenait parmi nous, juste le temps de lire les souvenirs de Pagnol.

Et avec nous il réchaufferait son cœur au soleil de ce conte, respirerait à pleins poumons le bon air de l'amour filial, et farandolerait autour de ce grand feu de joie.

"Français Si Vous Saviez". Georges Bernanos (Gallimard). Un printemps triste, couleur de plomb, une longue et maussade après-midi d'automne. C'est en ce mois de juin, de poussière de juin, que nous nous sommes laissés prendre au piège de Bernanos.

A ce livre, nous y étions venus pour nous réchauffer, danser même. Il y fait froid, la sueur de la peur suinte et nous rend sans forme. D'article en article le climat reste humide, lourd de rumeurs et d'inquiétudes.

Parfois passe la belle jeune fille aux grands yeux verts, aux longs cheveux de princesse indienne, parfois passe l'Espérance. Mais sous son pied craque trop de bois mort, et elle ne nous regarde que rarement dans les yeux.

Nous nous sentons gênés, un peu comme lorsqu'il faut dire à un cancéreux condamné : "ce n'est rien, tu t'en sortiras".

Car nous sommes bel et bien au chevet d'un malade, d'un agonisant. L'Occidental est là, avec sa croix de feu et de sang sur la poitrine, le souffle court. Nous lui parlons, il écoute, mais déjà il ne répond plus. Son visage porte pourtant encore le cuivre roux des vacances ; posées sur le drap ses mains nous rappellent encore les rudes travaux et les voyages. Mais nous ne savons plus s'il faut croire au dernier soleil de ses yeux, le plus beau, et quand vient l'adieu il est déjà un étranger.

Peut-être parce qu'il ne fût qu'accidentellement des nôtres, peut-être parce que sa patrie n'a jamais cessé d'être le Ciel.

"L'Or Noir pour un Troupier". Roger Lajoie-Mazenc (Chez l'auteur). Nous nous sommes approchés de ces notes algériennes avec méfiance.

Or ici le sable a un parfum d'aventure, les soldats français ont laissé leur dynamo au vestiaire, ici des "jeunes du contingent" comprennent le tour de vache qu'on joue à leur pays.

Ils voient les rails déboulonnés, les fermes, les gares, les écoles pillées, incendiées, Ils sont contraints d'abandonner leur fatras intellectuel devant cette réalité,

Ce petit livre est un témoignage. Son auteur l'a écrit sur le vif, pour passer le temps, nous dit-il. Mais qu'il nous soit permis de jouer cartes sur table et d'avancer que nous l'avons lu en marquant un temps d'arrêt.

"Bestiaire" (Bernard Grasset Editeur). Il faut fortement aimer les bêtes, les chiens et les chats surtout, pour lire sans temps mort ces extraits du Journal de Paul Léautaud.

Seule la préface de Marie Dormoy, toute consacrée à la petite histoire du "Saint Vincent de Paul des Pauvres Chiens", ainsi parlait Léon Bloy, retient notre pensée, notre curiosité.

Tout le reste, c'est-à-dire l'essentiel, réfléchit une misanthropie latifoliée, une inquiétude sourcilleuse.

Nous avons tous rencontré, certains de nous hébergé, ces tristes chiens et chats du pavé de Paris ou d'ailleurs. Mais cela nécessite-t-il un compte rendu détaillé, une publication des frais de nourriture, prix du lait et du mou ? Non.

Alors laissons aux membres de la S.P.A. le soin et le risque de diffuser cet ouvrage.

"Leopardi" (Editions Pierre Seghers). Ce frère cadet de Chénier est hélas bien trop méconnu. Nous avons donc une dette de reconnaissance envers Mario Maurin puisque celui-ci met en regard du numéro 81 des "Poètes d'Aujourd'hui" le nom du passereau solitaire.

Après une fouille méticuleuse de la vie extérieure et intérieure du Poète, la mise en relief de certaines parentés, nous retrouvons la rude et pourtant luxuriante campagne léopardienne, terre où des sentiments naissent des paysages, ciel où de la description s'harmonise l'infini. Nous nous retrouvons quand s'adressant à sa patrie, il lui dit : "...*Où est l'ancienne force / Où la valeur, les armes, la constance / Qui t'a ravi ta gloire ? / Qui t'a trahie ? Quel artifice ou quel effort / Ou quel pouvoir extrême / T'ont dépouillée du diadème et du manteau ? / Comment et quand est-tu tombée / De hauteur telle en lieu si bas ? / Nul ne lutte pour toi ? Aucun des tiens / Ne te défend ? Des armes, des armes : seul / Je combattrai, je tomberai seul. / Fais, ô ciel, que mon sang / Devienne feu dans les cœurs italiens.*" Oui, nous pensons aussitôt à notre patrie, à la France, et nous faisons des rapprochements et raisonnons factieusement.

"Les Défenseurs" de Saint-Paulien (Fayard). Non, il ne s'agit pas du nouveau roman de Jean Lartéguy, encore moins d'un essai d'Henri Massis ; le premier, aux dires de certains, ayant de plus en plus de mal à dénicher sa pâte à modeler, et le second, aux dires de certains autres, ayant compris sur le tard qu'il avait écrit depuis longtemps l'essentiel.

Alors, ces Défenseurs, d'où sortent-ils, quel bon vent nous les amène ? Ils arrivent tout droit d'Espagne et Saint-Paulien en est le passeur. Ils ont pour nom Juan, Pascual, Jaime. Quand vient la saison des amours, on peut les voir traîner la muleta sur les places des villages. Ils vivent comme ils pensent, et meurent, car il faut mourir, sans grande monnaie dans les poches.

Ils ont vingt ans, leurs parents sont de condition sociale modeste, et c'est pour cela qu'ils rêvent éveillés.

Mais l'art tauromachique a aussi ses abstraits, ses faussaires. Fous et condamnés à mort sont ceux qui s'opposent au gang de la Fiesta commerciale. Leur "maestro" a hélas passé la quarantaine. Il sera donc le premier pot de terre de la tragédie. Dieu sait pourtant s'il sentait bon la vieille race des Gara Ancha et des Manolete !

En Espagne, j'allai l'oublier, il y a aussi les "jeunes, riches et jolies" américaines, pucelages en quête d'aigreurs. Ici la belle Américaine s'appelle Dorothy. Elle s'est amourachée de Jaime. Regrettera-t-elle une nuit d'en avoir fait son "secrétaire" ? je me garderai bien d'entrouvrir la porte de la chambre.

Avec un tel ouvrage, Saint-Paulien se range sous la bannière des écrivains témoins de leur temps. Les notes qui bouclent son documentaire en sont confirmation. Là, il nous souffle dans le creux de l'oreille que le gouvernement espagnol est lui aussi un ardent défenseur de la Fiesta, la vraie.

THEATRE
De Molière à Pirandello via Tchekhov

A L'ATHÉNÉE

ATHÉNÉE - Square Opéra Louis Jouvet - 7, rue Boudreau 75009 Paris (métro : Opéra), sachez que l'Athénée c'est aussi la Danse, l'Opéra et l'Opérette, des conférences.

"Le Tartuffe". On connaît la pièce, on a plaisir à la revoir et à la faire connaître aux ados.
Un faux dévot s'introduit traîtreusement au sein d'une honorable famille. Ayant fait la conquête du chef de famille, qui va jusqu'à lui accorder la main de sa fille, il s'emploie à en séduire la femme... Cette histoire d'imposture, "avènement de comédie à l'âge adulte", est la cinquième mise en scène de Jean-Marie Villégier à l'Athénée, après le très vif succès remporté par *Le Menteur, Sophonisbe, Cosroès et l'Illusion Comique*.
Pour mémoire : Molière (1622-1673), fut le fondateur de la troupe de l'Illustre-Théâtre, à laquelle la compagnie de Jean-Marie Villégier rend hommage en portant son nom. Pris sous le feu d'une querelle entre le Roi et l'Église, son Tartuffe, interdit dans deux premières versions (1664 et 1667) ne fut autorisé, et triomphalement représenté, qu'en 1669.
Autour de J-M Villégier, acteur, dans des décors de J-F Gobert s'expriment avec talent D. Charpentier, E. Coquereau, A. Delanis, J. Duverger, G. Esménard, K. Fellous, A. Girard, D. Niverd, M. Schreiber...

"Le Jouvet d'une Illusion". Alain Gerber, journaliste de jazz et de gastronomie avant de se consacrer à la nouvelle et au roman (il a obtenu l'Interallié pour "*Le Verger du Diable*"), nous livre ici sa première création théâtrale, mise en scène par Philippe Berling et interprétée par Daniel Kenisberg. L'acteur joue à lui tout seul, monologues et dialogues, apartés et scènes mimées, à proximité du spectateur, dans un Jouvet paradoxal et impitoyable.

"Ondine". Dans ce théâtre où Jouvet triompha, chaque saison enrichit l'esprit et fait battre le cœur.
A mi-parcours de programme 92/93, "Ondine", de Jean Giraudoux, est la minuit qui invite au voyage dans l'absolu amoureux, la beauté intégrale.
Créée en 1939, cette pièce nous rappelle, de par son inspiration wagnérienne, que le jeune Giraudoux, après Normale Sup, a été précepteur dans une famille princière d'Allemagne.
Mais dégagé de tout germanisme fumeux, Giraudoux nous emporte, par un brillant jeu de tendresse, de cocasse et de surnaturel, dans un monde lavé de toute souillure.
La petite sirène Ondine (Stéphanie Swartzbrob) ose quitter son

royaume aquatique, abandonner ses privilèges féériques pour une terre à la glaise lourde, aux obligations du paraître, à la difficulté d'exister et d'aimer pleinement. Cette héroïne, c'est une constante dans les personnages féminins de Giraudoux, surpasse l'homme, ici Hans le Chevalier (Vincent Winterhalter), empêtré comme nous tous, dans le filet des convenances et des compromis.

Après Ondine, l'Athénée présente en mars "Faust" de Goethe, dans sa version originale, mise en scène de D. Pitoiset. Puis seront montés, en avril et mai, "Le Pilote Aveugle", d'après des récits de G. Papini, et "Sa Lettre de Mariage", extrait de "Personne d'autre" de Botha Strauss.

"Les souvenirs entomologiques" de Jean-Henri Fabre passent la rampe, grâce à une mise en scène de Philippe Berling et une interprétation de Jacques Mazeran.

Diffusée à plusieurs millions d'exemplaires de par le monde l'œuvre de Fabre est toute de passion pour le moindre froissement d'aile d'un papillon au nom plus poétique que scientifique. Avec Fabre la science se fait poésie.
Spectacle pour tous publics.

"Ce Soir On Improvise" de Luigi Pirandello - Mise en scène : Claude Stratz Avec : Omar Porras Speck...

Une troupe de théâtre répète la pièce qu'elle s'apprête à jouer... mais les acteurs contestent vigoureusement l'autorité de leur metteur en scène, refusant l'illusion qu'on leur impose au profit de la sincérité passionnelle. Ce soir on improvise, dernière pièce de la trilogie du théâtre dans le théâtre de Luigi Pirandello explore l'espace vertigineux des décalages entre le rôle, le personnage, l'acteur, la réalité et sa représentation. ■

"La Sage Épouse de Carlo Goldini". *"Comment ne pas voir dans la noblesse décadente et dans la bourgeoisie avide du 18ème siècle une métaphore percutante de notre temps. C'est une société sans tolérance ni idéal qui ignore les valeurs morales et pour qui seul compte le moment présent. Le maître de la comédie italienne nous entraîne dans les abîmes de l'âme pour mieux révéler la complexité de nos désirs"*. Ainsi s'exprime, avec justesse Antonio Aréna. Un grand bravo aux deux comédiennes interprétant l'épouse et la concubine, Sandy Boisard et Graciela Cerasi !

Théâtre Silvia Monfort - 106, rue Brançion - 75012 Paris.

"La Peste". Albert Camus sort lentement mais sûrement de l'ombre tissée par des confrères peu fraternels. Normal, un fils du soleil ne peut que rayonner, éclairer, brûler même.

En adaptant, mettant en scène et interprétant ce récit paru chez Gallimard en 1947, et vendu à 5 millions d'exemplaires, Francis Huster réalise une performance. On ne le quitte pas des yeux pendant 90 minutes et sa voix nous caresse, nous frappe, nous inquiète, nous bouleverse tout au long du dialogue dont il est l'unique acteur d'intervenants multiples.

Le texte de Camus trouve en Huster un instrument barbare lui donnant à chaque note, tantôt la chaleur des heures oranaises d'après-midi, tantôt la fragilité d'un enfant condamné ou bien encore la rudesse des hommes et la présence nomade des femmes.

Nous sommes tous porteurs de peste. Camus nous le dit, comme à lui-même, avec ses mots préférés : le monde, la douleur, la terre, la mère, les hommes, le désert, l'honneur, la misère, l'été, la mer.

Ce rappel vaut tous les vaccins.

Théâtre de la Porte St-Martin 75010 Paris.

"On ne Sait Comment", de Luigi Pirandello. Ecrite en 1934, cette pièce est l'avant dernière œuvre dramatique de Luigi Pirandello. Elle fut créée le 19 novembre 1934 à Prague, année où l'auteur reçu le prix Nobel de Littérature. C'est, comme déjà dans "Chacun à sa Guise" et d'autres œuvres, le problème de la responsabilité humaine traité jusqu'à ses conséquences extrêmes, même les plus absurdes. Le Comte Daddi, sa femme Béatrice, Ginevra et son mari Georgio Venzi, officier de marine, le marquis Respi, cinq personnages "à chacun sa vérité", autre titre pirandellien : cinq acteurs Jean Bollery, également metteur en scène, Catherine Laborde, Elisabeth Tamaris, Claude Petit et Michel Chaigneau qui, on ne sait comment, se dédoublent, se perdent et se trouvent en devenant multiples.

Théâtre des Mathurins.

Remi de Fournas et Flore Bernard dans "l'Argent"

L'argent. Après la tragédie burlesque - Malheur aux tragiques - et la comédie dramatique - Eugénie Hartley - abordées au cours des deux saisons passées, Mercure Compagnie vous propose cette année de découvrir une pièce contemporaine de Renaud Lavandier inspirée d'un des événements les plus marquants du Second Empire : la chute du banquier Mirès. Cet épisode suggéra à Emile Zola son volume consacré à la Bourse.

Zola a vu naître le Temps de l'argent. Nous qui le vivons aujourd'hui, quelle lucidité avons-nous par rapport à lui ?

Zola a fait une peinture du Second Empire, en créant une foule de personnages. Reprenant ceux d'entre eux qui dépassent le cadre de leur propre siècle, Lavandier s'adresse aux hommes d'aujourd'hui. *Hôtel de la Monnaie 11, quai de Conti - 75006 Paris.*

"La Vie que je t'ai donnée". Nous ne serons jamais assez reconnaissants envers les Pitoeff d'avoir révélé au public français, dans les années 20, le théâtre incomparable, de Luigi Pirandello.

Depuis deux décades ce magicien du double est à l'affiche, presque à chaque saison, servi par des metteurs en scène et des comédiens courageux.

Car il faut du courage, et du talent, pour se risquer dans le palais des glaces pirandellien où, dixit l'auteur : "*...un personnage a vraiment une vie à lui... il est toujours quelqu'un... alors qu'un homme peut n'être personne*".

"Comme tu me veux", "On ne Sait Comment", "Henri IV" par Jacques Mauclair, "Ce Soir On Improvise", monté au théâtre de la ville par Lucian Pintillé, "Chacun sa Verité" avec Suzanne Flon ont assuré cette permanence.

Le théâtre des arts Hébertot prend le relais avec "La Vie que je t'ai donnée", dans une adaptation réussie de R. Deleuse et M. Dumoulin, lequel en est aussi le metteur en scène.

Donn'Anna Luna, Maria Casarès la grande ! s'oppose à sa sœur,

Monique Chaumette, à tout l'entourage, sur un point vital : la mort de son fils, réelle et reconnue par tous, contestée par elle.

Qui voit, qui dit vrai ? Maurras trouverait-il ici une démonstration à "la sincérité n'est pas la vérité" ? Et si la vérité n'était que reflets...

Don Girgio Mei, le curé, Jean Pommier, y perd son latin, et Lucia, Catherine Retore, son amant.

La force tragique de Maria Casarès, accentue à l'extrême les ténèbres siciliennes, de cette œuvre qui nous renvoie à notre propre lumière. *Théâtre Hébertot, 78 Bd Des Batignolles - 75017 Paris.*

"Le Pilier". En Turquie, un petit village de Taurus. Le terrible périple des paysans qui comme chaque année descendent vers la plaine pour la cueillette du coton. Autour du "pilier", l'ancêtre Meryemdjé, la lutte sans merci pour le pouvoir et la survie. Première adaptation à la scène du roman épique et poétique du grand romancier turc Yachar Kemal.

Traduit par Guzine Dino, c'est une adaptation réussie de Marianik Revillon dans une mise en scène de Mehmet Ulusoy.

Avec : Evelyne Istria, Maurice Barrier, Ayala Algan, Claude Merlin, Ayberk Çolok, Pierre Puy, Zaira Benbadis, Peter Morin, Valérie Beaugier, Cécile Garcia, Fatoche Sezer-Ulusoy, Olivier Thomas.
Théâtre National De La Colline 15 Rue Malte Brun 75020 Paris. (Du 13/4 au 19/5).

"La Cerisaie" de Tchekhov marque le départ de la dixième saison de la Compagnie Valère-Desailly.

"*Ma douce, comme ce fut dur pour moi d'écrire cette pièce*" confia l'auteur à sa femme avant de remettre le manuscrit à la poste pour Moscou.

Que la pièce est douce à entendre et à voir. Dans une traduction de Georges Neveux, reconnue comme la meilleure, les dialogues, les silences intermédiaires, nous baignent dans les fragiles nuances des saisons et du temps qui demeure et qui fuit.

Les décors d'Hubert Monloup et les costumes de Dominique Borg sont complices de ce voyage, avec une illustration sonore réussie de Gilbert Croiset.

La mise en scène de Jacques Rosny permet aux acteurs non seulement des mouvements physiques harmonieux mais aussi de nous emporter dans cette dimension en spirale du souvenir.

Certes Jean Desailly et Simone Valère captent notre imaginaire d'un soir, mais leur appel doit beaucoup à l'acoustique que lui donne toute la troupe : C. Giraud, Isabelle Carré, H. Deschamps, A. Gille et leurs compagnons.

Théâtre de la Madeleine 19, rue de Surène - Paris.

"Voilez Les Miroirs". Depuis janvier le Théâtre de la Renaissance propose une programmation à 18 heures.

Voilez les miroirs est l'adaptation de l'une des plus célèbres nouvelles de Léonide Andréiev : *La Pensée (Mysl')* publiée en 1902.

Le docteur Kerjentsev vient de tuer son meilleur ami Alexeï Constantinovitch Savielov - il n'a même jamais eu d'ami plus intime que sa victime. Econduit par Tatiana Nicolaïvna, qui a épousé Alexeï, le docteur Kerjentsev a voulu, sous l'alibi de la démence, commettre le crime parfait. Comme il l'a prévu, il est interné dans un hôpital psychiatrique après l'assassinat.

Il rédige alors un mémoire à l'intention des experts. "*Vous êtes troublés par l'absence de jalousie, de vengeance, de profit ou autre motif stupide que nous sommes habitués à considérer comme réel et sensé*".

Le docteur Kerjentsev a-t-il feint la folie pour tuer ou bien a-t-il tué parce qu'il était fou ?

Le texte suit toutes les pistes et joue avec toutes les hypothèses. Andréiev est ici guidé par une lucidité sans illusion sur la condition humaine.

Léonide Andreiev est l'un des écrivains russes les plus représentatifs du début du XXème siècle. Ses récits et ses pièces de théâtre ont exercé une emprise considérable sur l'imagination de ses contemporains et rencontré un vif succès tant en Russie qu'à l'étranger. Après 1917, il subit une longue éclipse jusque dans les années 60, où, en URSS, se sont succédées nombre de rééditions de ses récits et représentations de ses pièces.

Théâtre de La Renaissance
 20, boulevard Saint-Martin
75010 Paris

CINEMA
Du Ciné-Club au Grand Écran

EXERCICES DE STYLE
Quand les titres des films racontent des histoires courtes

Conversation secrète

Quand passent les cigognes et que le vent se lève, marchant entre les murs, je me souviens de mon extravagante mission au Texas, il y a tout juste 4 mois, 3 semaines et 2 jours.

J'enquêtais dans l'affaire Mattei sous le nom de code de Padre Padrone.

Un homme et une femme, Antoine et Antoinette, appartenant à la faune de l'underground, avaient disparu à la sortie d'une leçon de piano.

Grâce à mon messager surnommé "pacific express", un ami intime de mademoiselle Julie, j'appris qu'ils en savaient trop sur la vie d'Adèle et avaient trahi la parole donnée à un certain homme de fer, Le troisième homme, le fameux joueur de tambour d'un trio hard-rock.

Les malheureux avaient oublié que le monde du silence n'aime guère les secrets et mensonges dévoilés sous le soleil de Satan.

Pour élucider cette disparition, je n'avais pas deux sous d'espoir. Mais un soir, écoutant dans un club dolce vita, le pianiste de service, les meilleures intuitions du cerveau des enfants m'ouvrirent la porte de l'enfer : le guépard évadé du zoo les avait dévorés. Pour preuve, le ruban blanc attachant les cheveux d'Antoinette pendait encore, ensanglanté, à la gueule du carnassier.

Ainsi, en une brève rencontre, ai-je gagné mon salaire de la peur. Et après une si longue absence, de retour chez moi, je m'endormais sur les notes de la symphonie pastorale.

La Grande Illusion

Les cheminots ont gagné la bataille du rail. Conduit par le mécano de la générale, le train sifflera trois fois à l'arrivée en gare de la Ciotat.

"Bizarre, comme c'est bizarre" marmonne Jouvet en voyant sur les quais tous les enfants du paradis auxquels la femme du boulanger distribue pain et chocolat.

Puis il rejoint Arletty à l'hôtel du nord. Les demoiselles de Rochefort parlent de comment épouser un millionnaire plutôt que de faire un mariage à l'italienne. Tant qu'il y aura des hommes elles pourront choisir entre Jules et Jim, entre le lauréat et Citizen Ken. C'est le jour le plus long de l'année des treize lunes.

A l'est d'Eden, là où brille un soleil vert, les révoltés du Bounty saluent le cuirassé Potemkine.

Eloignons nous d'Hiroshima mon amour ! Franchissons la frontière chinoise et vivons une histoire simple comme celle chantée par Johnny Guitar, oublions la règle du jeu, descendons la rivière sans retour car l'important c'est d'aimer.

Midnight Express

Le temps d'un week-end un homme et une femme flânaient dans la rue de la joie parmi les gens de Dublin.

Passant devant le Café Society, ils y entrèrent par curiosité. Une sacrée nana chantait "la rivière sans retour". Le pianiste, un bel homme aux mains d'argile, l'accompagnait à merveille. C'était le repaire de tous les désaxés de la ville.

Le couple, après quelques pas de danse et, s'être rassasié au buffet froid, s'éloigna de ce lieu de mauvaise graine. Sur les quais, ils retrouvèrent les deux amis avec lesquels ils avaient voyagé de Paris à Dublin.

Ce n'était ni le jour ni l'heure de s'attarder car ceux-ci leur avaient dit que la police signalait dans le quartier un certain Pierrot le fou, un dangereux individu recherché par Interpol.

Aussi décidèrent-ils d'éviter tout risque et de rejoindre leur hôtel où ils partageaient, en libertins, la chambre 1408 pour un amour défendu. Une nuit dont parlent encore entre elles les gazelles.

C'EST PAS LA DERNIERE SEANCE

Festival du Cinéma Américain de Deauville. Le coup d'envoi est donné à Deauville (du 6 au 15 septembre) et les stars débarquent à nouveau sur les planches de la station normande.

Quatre-vingts films sont présentés dont les dernières réalisations de Hal Ashby ("Huit millions de manières de mourir"), Walter Hill ("Crossroads"), Mike Nichols ("Heartburn"), Tony Scott ("Top Gun"), Paul Mazursky ("Le clochard de Beverly Hills"), Ivan Reitman ("Legal Eagles"). Alan Rudolph ("Trouble in Mind"), Peter Hyams ("Running Scared"), Sidney Lumet ("Power"). Gene Wilder ("Nuit de noces chez les fantômes"), James Cameron ("Aliens"), etc... Un panorama à peu près complet de la production américaine.

Le dernier film de Steven Spielberg, "La couleur pourpre", présenté à Cannes, est au programme. Des hommages seront rendus aux réalisateurs Richard Brooks et Jean Negulesco et aux acteurs Tony Curtis et James Coburn, en leur présence.

Robert Redford ("Legal Eagles") et Meryl Streep ("Heatburn") ont promis de venir. Une belle effervescence en perspective !

"Au-Delà". Clint Eastwood nous emporte jusqu'aux limites du réel et de l'inconnu. Certes quelques longueurs, pardonnables, auraient pu être évitées. Mais Matt Damon, en medium adorable et Cécile de France en journaliste de télé transformée après avoir vécu un tsunami, effacent de leurs talents ces rares imperfections. Touchante à l'extrême aussi l'histoire des jumeaux que la mort de l'un ne sépare pas.

"Somewhere". Primé Lion d'Or au Festival de Venise, ce nouveau film de Sofia Coppola nous relate avec une grande tendresse les retrouvailles affectives d'un père divorcé, star célèbre à la dérive, Stefen Dorff, avec sa fille pré-ado, Elie Fanning. Cette renaissance intime des sentiments père/ fille s'effectue avec une simplicité qui accentue à souhait les inconsistantes turbulences du monde people qui l'entoure. Etonnante Sofia Coppola, hier bébé qu'on baptise dans "Le Parrain" (1972), son premier rôle, à ce film d'ange aujourd'hui. C'est divin !

"Potiche". Deneuve, Depardieu, Luchini. Trois grands acteurs... et un petit film.

"La Jeune Fille à la Perle". Inspiré par le best-seller de Tracy Chevalier, "La jeune fille à la Perle", ce film merveilleux de Peter Webber, enchantera tous les amateurs de peinture, plus particulièrement celle magique, du 17ème siècle hollandais.

C'est aussi un film sur l'émotion du raffinement et de l'esthétisme.

Une jeune et ravissante jeune fille, Griet, est engagée comme servante dans la maison du peintre Vermeer, à Delft. Griet s'occupe du ménage et des six enfants en s'efforçant d'amadouer l'épouse, la belle-mère et la gouvernante, chacune très jalouse de ses prérogatives.

Jour après jour, la sensibilité, la douceur, la vivacité de la jeune fille émeuvent le maître qui l'introduit, l'impose à son univers et son entourage.

Et, à mesure que grandit leur intimité, le scandale se développe dans la maison et la cité.

Un film d'une beauté exceptionnelle à voir et revoir.

"La Guerre du Feu". Après "La victoire en chantant", Oscar du film étranger 77 à Hollywood, et "Coup de tête" sur les coulisses du football, "La guerre du Feu" est le troisième long métrage de J.C. Annaud.

Un authentique "Reportage" sur la vie des hommes de l'âge de pierre. Des mammouths, des lions-sabres, des scènes parfois insoutenables mais d'abord les premières interrogations de l'homme, ses émotions naissantes aussi.

Ne laissez pas les intellectuels jouer avec les allumettes mais les cinéastes faire la guerre du feu.

Résultat : un film fascinant, comme le sont encore les flammes vives pour les petits d'hommes perdus dans la jungle de l'électro-ménager.

Dès les premières images, les premiers sons, les premières "paroles", un plongeon de 75.000 ans dans l'aube de l'humanité.

Par les bouleaux nains d'Ecosse égarés dans la Toundra, les grottes calcaires, les forêts primitives du Canada, par les abords du Kilimandjaro et du Lac Magadi au Kenya, nous errons avec Naoh et ses deux compagnons. Tous trois sont de la tribu des Ulams, qui savent conserver le feu mais non le créer.

Et les Wagabous, néanderthaliens, leur ont détruit le foyer unique qu'ils détenaient, lors d'un affrontement violent, cruel et sanglant.

Naoh Comme Mowgli

A la recherche du feu, c'est une marche initiatique, une lutte permanente de l'homme pour sa survie contre les bêtes sauvages, les autres hommes tels les Kzamms anthropophages, contre la nature "aux forces brutales" qui fait qu'on "retourne à la vie primitive" dirait Maupassant.

Au bout de la course, le Naoh de Rosny et J.C. Annaud, comme le Mowgli de Kipling et Disney, perçoit sa vie intérieure et l'amour, une jeune fille Ika, de la tribu des Ivaka, qui eux créent le feu, construisent des abris, façonnent outils et ustensiles, et savent aussi faire l'amour dans le plaisir et non la violence.

Au travers de cette aventure "sentimentale", de la découverte d'étrangers plus évolués, Naoh observe mieux, se libère, progresse et s'interroge et interroge le monde qui l'entoure. Et non seulement le feu, l'art de le créer, une femme autre qu'il rapporte aux siens, transis de froid dans un îlot marécageux, mais une relation nouvelle de l'homme avec lui-même et son semblable, avec le cosmos symbolisé par la dernière image de la main de Naoh sur le ventre fertilisé d'Ika, et leurs regards vers la pleine lune.

Ce film tiré du roman de l'écrivain belge J.H. Rosny, paru en 1911 et vendu à des millions d'exemplaires, est inclassable.

C'est un film scientifique par la rigueur des études ethnologiques, de fiction par un langage, une mimique, un bruitage et des sons énigmatiques et concrets à la fois. C'est un grand spectacle par ses extérieurs et ses animaux.

Film psychologique enfin dans l'examen des réactions humaines dans la solitude, le quotidien, la tribu, la guerre, le repos.

Du cinéma original, total. Un grand choc.

"Danse avec les Loups". Kevin Costner à la redécouverte de l'Amérique indienne.

Du cinéma comme on en voudrait plus souvent.

"Black Swan". Lily, Mila Kunis, et Nina, *Natalie Portman*, nous jouent un "Lac des cygnes" peu classique dans lequel les ballerines qu'elles sont nous dévoilent que la musique n'adoucit pas les mœurs. Un thriller qui met mal à l'aise même en fauteuil d'orchestre. Mais quels talents ces deux actrices en face à face pervers !

"Fair Game". Quand la CIA trahit l'un de ses agents (Naomi Watts). De quoi fermer son ordinateur. Du déjà vu, mais pourquoi pas en reprendre ?

"Le Choix de Luna". Après "Sarajevo, mon amour", Ours d'Or à Berlin en 2006, Jasmila Zbanic nous montre dans cette nouvelle réalisation combien les relations humaines et plus particulièrement ici les relations au sein d'un couple, peuvent être perturbées par les fameux effets collatéraux de la guerre.

En l'occurrence, Luna, interprétée par Zrinka Cvitesic va devoir affronter et résister à l'engagement salafiste inattendu de son compagnon, Amar, joué par Léon Lucev. Les lendemains ne chantent guère après la guerre, en Bosnie-Herzégovine, et partout ailleurs.

"Des Hommes et des Dieux". Mon stylo reste silencieux. Sublime, intégralement !

"La Ligne Droite". C'est l'antidote aux frasques de l'équipe de France au dernier championnat du monde de football. Régis Wargnier nous fait courir d'émotion dans ce film qui réunit Leila (Rachida Brakni) récemment sortie de prison et un jeune non voyant (Cyril Descours) tous deux fans d'athlétisme, deux accidentés en ligne directe pour une vie nouvelle, enjambées synchro et cœurs battants.

"We Want Sex Eguality". Une comédie de Nigel Cole avec Sally Hawkins et Bob Hoskins. Tout militant syndical se doit de voir ce film rappelant, dans un humour vigoureux et salutaire/ le conflit social qui conduisit Ford à rapprocher les salaires des ouvrières à ceux des ouvriers. C'était en Angleterre en 1966 et dans bien des secteurs cela demeure pleinement d'actualité. Une projection en stages de formation syndicale ne serait pas de trop.

"Midnight In Paris". Fera l'ouverture du prochain Festival de Cannes en mai. Sa sortie en salles devrait être simultanée. Cette primauté est-elle due à la classe de son réalisateur, Woody Allen, à la présence de comédiennes comme Marion Cotillard, Rachel Mc Adams, Katy Bates ou à la participation de Carla Bruni-Sarkozy ?

"L'empire du Milieu du Sud". Jacques Perrin est un réalisateur à part, j'entends par là hors des modes et des pressions et dépressions du monde de la création artistique. En cela il est un artiste authentique et nous le démontre pleinement dans ce film-document consacré au Vietnam, à cette péninsule indochinoise si chère à son cœur.

En dix ans de travail il a réussi à constituer une exceptionnelle cinémathèque dans laquelle les films d'amateurs et ceux de professionnels, du noir et blanc à la couleur, du muet aux explosions des bombes américaines, nous bouleversent, nos yeux s'humidifiant.

Tant de beauté et tant de souffrance des hommes et des paysages : terres luxuriantes et terres dévastées, populations paisibles et populations martyrisées, colonisateurs pacifistes et colonisateurs barbares.

Et quelle prenante narration au fil de ces images, puissantes en nostalgie, douleur et tendresse avec des textes extraits d'écrits vietnamiens, français et américains.
A voir absolument.

"Le Bruit des Glaçons". Un duo, on the rocks, entre Dujardin et Dupontel, entre un écrivain alcolo et son cancer. Du bon Bernard Blier.

"L'Homme qui Voulait Vivre sa Vie". Un avocat qui aime la photo, un photographe qui oublie que les liaisons peuvent être dangereuses. Quatre grands acteurs : Romain Duris, Marina Foïs, Branka Katic, Niels Arestrup = un grand film, un thriller prenant signé Éric Lartigau.

"Vous Allez Rencontrer un Bel et Sombre Inconnu". "Mes parents m'ont appris que Dieu était responsable de notre monde. Puisqu'il nous a jetés dans ce monde cruel, plein de guerres, de maladies et de pauvreté, la seule chose à faire est de se montrer tendre avec son prochain. La gentillesse est l'exception dans ce monde de brutes."

Ainsi s'exprime Woody Allen, ce french new-yorkais qui nous aime et que nous aimons.

Merveilleusement servi par Naomi Watts, Antonio Banderas, Anthony Hopkins, Josh Brolin et Freida Pinto, Woody Allen nous livre un vaudeville tout imprégné de cet esprit tendre et malicieux que la citation ci-dessus résume parfaitement.

"Havana". Quand les Américains, trente ans passés, filme Cuba d'avant Castro. Robert plus Redford que jamais. Le jeu, l'amour, la violence, le rêve en Cadillac des années 50.

"Pretty Woman". Richard Gere, en Tapie puissance IO, pris au piège de la vraie vie en la personne d'une super nana, Julia Roberts, comme lui seul en rencontre.

"Uranus". Nous sommes choqués, avec raison, des séquelles de la guerre du golfe : règlements de compte, dénonciations, exécutions sommaires. Marcel Ayme, dont le livre est ici mis en scène par Claude Berri, nous met le nez dans notre... histoire. Pas jojo les copains ! Excellente prestation de Noiret Marielle, Blanc, Galabru, Danièle Lebrun, et Depardieu qui a décidé d'être bon dans tous ses films (Cyrano, Green Card...)

"Benda Bilili". Des rues polluées de Kinshasa aux explosifs festivals du monde entier, tel est le voyage miraculeux d'un orchestre de musiciens congolais en fauteuils roulants. Humanité et foi dans la vie. A voir absolument.

"Poetry". La comédienne coréenne Yun Junghee (330 films, 24 prix !) interprète ici avec une délicatesse extrême une grand-mère désireuse d'écrire un poème. Morale : la beauté est-elle interdite ici-bas ?

"Don Giovanni", naissance d'un opéra. Carlos Saura nous guide dans la création de cette œuvre "dramma giocoso" née de la rencontre du poète vénitien Lorenzo da Ponte et de Mozart sous l'influence de Casanova. Volupté de la vie et de la mort.

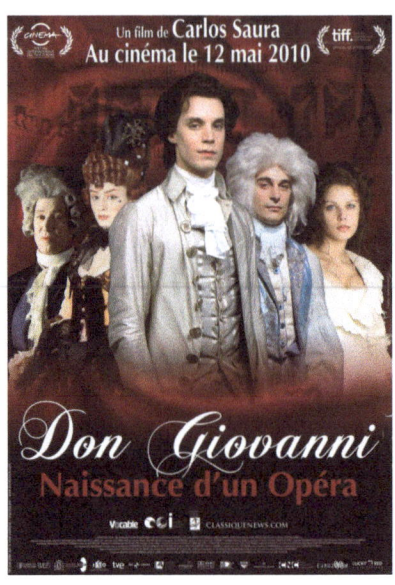

ARTS PLASTIQUES
Du crayon au ciseau

Dominique André est en vedette à la Galerie St Germain des Prés, 7 rue de l'Odéon Paris, 6e. Ce peintre, dont l'enfance et l'adolescence voguèrent de la Villa Brune à la rue d'Alésia, d'une grand-mère ancien modèle de Rodin, Modigliani et Pascin aux Arts Décos et au théâtre Montparnasse avec Planchon, est avant tout connu pour ses décors dans les films de Sautet, Pigaut, Granier-Deferre, Fuller et Frank. Mais c'est réduire sa création que de parler de lui seulement sur écran. Son expression esthétique, par des bleus, des rouges et des jaunes d'une exceptionnelle franchise, touchent l'esprit et les sens, rare impact aussi complet chez bien des contemporains ; Sans doute est-ce l'alchimie du travail et de l'instinct, du réfléchi et du spontané, de l'infini et de l'immédiat. On est à la fois ici et là-bas, immobile en voyage. Une rencontre à ne pas manquer.

L'école De Paris fait escale à la Galerie Rambaud, 14 rue des tournelles (près de la place des Vosges à Paris, 4ème). Tableaux modernes, aquarelles, gouaches, dessins et pastels nous ouvrent les portes de l'été aux ambiances multiples. Chaque amateur trouvera là le trait et la touche qui l'attirent

Acket. Marie-Martine Acket-Jourda présente ses "Peintures Cosmiques".
Originaire du Nord de la France, Marie-Martine Acket, attirée vers les arts graphiques a suivi les cours de l'Ecole des Beaux-Arts de Valenciennes.
Sa formation l'a amenée logiquement aux connaissances de base de la peinture. Elle se consacra, ultérieurement au graphisme publicitaire.
Ses premières toiles reflétaient sa sensibilité à la peinture impressionniste. Elle a évolué vers un concept totalement contemporain. C'est face au cosmos et son immensité qu'elle a muri son inspiration... philosophique mystique, métaphysique, religieuse ? Un point d'interrogation auquel elle semble avoir répondu personnellement et dont elle nous suggère la réflexion par un feu d'artifice de couleurs.
Au travers de sa peinture cosmique, Marie-Martine Acket cherche à nous faire partager sa réflexion devant l'univers.
Ses toiles récentes montrent une tendance vers une forme d'expression plus réaliste. *Galerie Steels St Paul de Vence (expo. permanente) et, en 1991, à NEW-YORK (Bustamante Gallery), à Chicago (Neuville-Sergent Gallery) et à l'Espace Montaigne à Paris.*

Van Gogh est toujours à Auvers. Ce village de l'Oise où, après un dernier envol de corbeaux, Vincent mit fin à ses jours, célèbre le centenaire de l'artiste qui vendit peu de toiles et qui est maintenant au hit-parade de l'Art-Biz. Expositions, croisières, concerts sont au programme. Prendre contact avec la mairie et l'office de tourisme et Jean-Claude Pantellini (06 79 93 92 88) pour visite et promenade.

Butaye. Jean-Marie Butaye, sculpteur et peintre, est longtemps resté attaché à l'art figuratif avant de trouver son épanouissement à travers l'abstraction. Ses créations sont devenues invitation au rêve, au voyage, à la méditation.

L'exposition propose de découvrir deux aspects de sa création : les sculptures et les pastels. Les sculptures, fascinants humanoïdes, témoignent de la préoccupation de l'artiste pour la nature humaine. Les pastels à l'huile raffinés et originaux, démontrent que les contemporains savent user de cette technique avec personnalité et force.

Né en 1945 à Halluin, Jean-Marie Butaye, après avoir été l'élève de René Jacob, enseigna le dessin de 1968 à 1974. A partir de 1975, il se consacre à son art.

MUSÉE ANTOINE LÉCUYER
28, rue Antoine Lécuyer
02100 SAINT-QUENTIN

Maxime Fillon vous reçoit dans son atelier, 19 rue Lalande à Paris, 14ème. Ses peintures, bijoux et sculptures allient qualité du métier et modernité de talent. Une œuvre accessible à tous par son expression directe, et ses prix.

André Maire. Quelle chance ont les parisiens et ceux qui visitent la capitale avec intelligence et curiosité, de pouvoir souvent découvrir, toujours admirer les œuvres d'André Maire (1898-1984) à la galerie Raymonde Duval qui les présente en permanence depuis plusieurs années.

Élève puis gendre d'Emile Bernard, c'est dès l'âge de neuf ans qu'il touche au dessin. Sachant alliés les nécessités quotidiennes (service militaire, enseignement du dessin, vie familiale) à sa passion artistique baignée d'humanisme, il va de Saïgon à Madagascar, de Bruges à Venise, des Landes en Afrique, exercer son art original incomparable par des dessins, fusains, sanguines, aquarelles, gouaches, huiles et sépias monochromes.

C'est la période 1920/1968 qui nous est présenté ici mais d'autres œuvres sont aussi exposées au Musée des années 30 de Boulogne-Billancourt.

Galerie Raymonde Duval. Jardin du palais Royal 32/33 galerie de Montpensier 75001 Paris.

Egypte-Egypte. L'institut du monde arabe (1 rue des fossés St-Bernard 75005 Paris) présente, jusqu'au 15 janvier, une éblouissante exposition sur l'Egypte.

L'originalité et la richesse de cette manifestation résident dans la chaîne des œuvres pharaoniques, romaines, chrétiennes, et islamiques. Ainsi coule le Nil en civilisation chacune d'elles harmonieusement, universellement fille et mère, mère et fille.

Un monumental cobra divin, granit gris à veines roses, s'impose à notre réflexion, loin en nous. Découvert à Louxor début 89, sa puissance 670 AJC est intacte, percutante.

Autre star : la couronne en or d'un grand prêtre d'Osiris, avec son osiris-serapis à gueule de Zeus et ses pavots, symbole de fécondité. Icônes, chapiteaux, coffrets d'évangile témoignent de la présence chrétienne d'où sont issus les coptes.

Diverses pièces fatimides et un romantique guéridon (cuivre ciselé incrusté d'argent) bornent les siècles islamisés.

Un voyage en art et spiritualité à ne pas manquer.

Les Bâtisseurs de Cathédrales. Strasbourg nous livre, dans l'ancienne douane, une exceptionnelle réunion de tout ce qui touche à la construction des cathédrales.

Des manuscrits enluminés offrent des représentations de chantiers de construction où prennent place tous les corps de métier, à la tête desquels se trouve l'architecte.

Pour la première fois sont réunis plus de 40 dessins d'architecture (dont certains ont plus de 4 mètres de hauteur) où s'exprime le génie créatif des maîtres d'œuvre : on verra notamment la totalité des dessins concernant la cathédrale de Strasbourg.

A côté de ces chefs-d'œuvre sont présentés des traités pratiques, notamment le célèbre album de Villard de Honnecourt, tandis qu'on évoque le travail et les outils de la pierre.

"Combien de fois y suis-je retourné de tous les endroits, de toutes les distances pour

contempler sa noblesse et sa splendeur" Goethe.

L'architecture des cathédrales a exercé son ascendant sur l'ensemble des œuvres d'art gothique jusqu'aux somptueux objets d'orfèvrerie, jusqu'aux vitraux sur lesquels se multiplient des architectures imaginaires et féeriques. L'évocation de ce moment d'apogée de l'Art d'Occident aurait été incomplète sans celle de la redécouverte de l'architecture et des procédés de construction gothique qui a lieu en Europe du Nord, précisément à partir de l'hymne que Goethe a adressé, à Strasbourg même, au plus illustre des architectes de sa cathédrale, Erwin de Steinbach.

Rodin-Claudel. Le musée Rodin est installé à Paris, au 77 de la rue Varenne, dans un merveilleux hôtel particulier construit en 1728.

La duchesse du Maine, le maréchal de Biron, le duc de Lauzin l'habitèrent jusqu'à la Révolution.

Puis il fût lieu de fêtes publiques, nonciature, ambassade de Russie, communauté religieuse.

Voué ensuite à la démolition, il devint, ce qui le sauva, hébergement d'artistes. Cocteau, Matisse, R.M. Rilke, secrétaire de Rodin qui en fit son musée.

Dès l'établissement de son propre musée, Rodin voulut y réserver une salle à Camille et forcer ainsi la reconnaissance du talent et de l'œuvre de son élève, praticienne, collaboratrice puis compagne et inspiratrice.

Cette salle regroupe aujourd'hui des œuvres des deux artistes et amants. Marbre, onyx, bronze et plâtre : la matière devient chair et la chair sentiments et ces derniers mouvement et intelligence sensuelle. Rodin sculpte Camille et Camille Rodin.

Toutes les autres salles sont consacrées au maître. Et dans les jardins (comme on est loin des ministères si proches), Le Penseur, Balzac, (travail refusé à l'époque par la Sté des gens de lettres !), Les Bourgeois de Calais et La Porte de l'Enfer nous annoncent déjà un monde en convulsions.

BIEN-ETRE
Du salon à la plage

BRULER NON, BRONZER OUI

A la mer, à la montagne ou à la campagne notre peau va redécouvrir les plaisirs, les bienfaits du soleil mais ses dangers aussi. Comment prendre des couleurs sans douleurs ?

La lumière solaire est constituée de différentes longueurs d'ondes comparables aux radios. Celles qui nous intéressent sont : les radiations UVB très nombreuses, provoquant rougeurs et érythème, et peu bronzantes ; les radiations UVA à longueur d'onde moins grande, ayant pour résultat l'oxydation de la mélanine, ce pigment brun responsable du bronzage.

Le principe des produits solaires est d'absorber les rayons nocifs du soleil et de laisser passer les bronzants. Par leurs composants, ils permettent de déclencher puis d'accélérer la mélanogénèse (pigmentation) et d'adapter la peau au soleil.

Si le soleil brille pour tout le monde, nous ne sommes pas tous égaux devant lui. En effet, toutes les peaux peuvent bronzer car nous avons tous le même nombre de cellules (mélanocytes) qui "fabriquent" le bronzage. Chez certains pourtant, ayant une peau fragile et blanche, ces cellules sont endormies et la mission de produits adaptés est de les réveiller afin d'améliorer la protection de mélanine tout en protégeant la peau.

Cela ne veut pas dire que seules les peaux vulnérables doivent être l'objet de précautions. Même un épiderme mat bronze. C'est dès l'adolescence que l'on doit apprendre à bronzer et protéger sa peau. Si jusqu'à l'âge de 25 ans nous offrons une résistance aux effets du soleil, le dessèchement et les rides se posent ensuite. L'épiderme devient moins élastique et les longs "bains de soleil" accélèrent sa déshydratation.

BONNE PROTECTION

Il est fondamental, les premiers jours, de s'exposer avec prudence pour ne pas courir le danger du "coup de soleil" accompagné d'érythème voire d'œdème. Outre la douleur, il peut s'ensuivre des cicatrices superficielles se transformant en tâches pigmentaires définitives. L'exposition progressive exige une protection qui dépend du moment de la qualité du soleil et du type de peau.

Pour les peaux mates, on peut choisir une crème coefficient 4 ou 5 pour le visage et un produit coefficient 3 pour le corps.

Pour les peaux délicates, le minimum de coefficient de protection du produit utilisé est l'indice 5. Il protège contre les radiations solaires intenses et favorise un hâle progressif. Des laits et crèmes "peaux sensibles" destinés aux blonds ou roux à peau claire conviennent également pour les enfants.

Quand commence un bronzage léger, on passe à un produit d'indice de protection plus faible : 3 ou 2. Les huiles ont toujours beaucoup de succès. Il semble toutefois qu'il y ait une forte progression dans la demande des laits plus hydratants et d'un emploi agréable.

⇨

Des formules pour affronter le soleil des pays tropicaux ou haute montagne existent.

Toutes celles et ceux qui ne supportent pas le soleil ou auxquels il est contre-indiqué (présence de tâches pigmentaires, couperose, cicatrices récentes ou traitement par médicaments photo-sensibilisants) devront choisir les écrans totaux. Ils filtrent non seulement les UVB mais aussi une grande partie des UVA. Parmi les crèmes écrans, certaines atteignent le coefficient de protection record de 9.

Pensez aussi aux bébés, avant l'âge de deux ans : chapeau et écran total.

BRONZAGE ET SOINS

C'est une idée qui fait son chemin. Parce que les femmes, tout en gardant le désir d'être dorées, sont de plus en plus conscientes des conséquences des ultra-violets sur la peau.

Les produits solaires n'ont pas un pouvoir magique : ils limitent et favorisent ce bronzage tant souhaité. Quelques-uns privilégient le soin de la peau, riches en composants nourrissants et adoucissants comme l'huile de germe de blé ou d'avocat ou même au collagène.

Tout cela n'exclut pas de se réhydrater la peau le soir après une journée de soleil et au vent. Tous les produits "après soleil" sont destinés à cet usage.

Prudence, est le mot clé du bronzage. Il faut user du soleil pour ce qu'il a de bon mais ne pas en abuser. Personne n'aime la douleur, la peau qui pèle et les rides qui se creusent. Et si un excès peut vous gâcher quelques heures ou quelques jours de vacances, votre peau, elle, en gardera beaucoup plus longtemps les traces.

Le meilleur des filtres naturels : la mélanine. Les recherches dermatologiques sur le comportement de la peau au soleil font apparaître une théorie : une peau bronzée est une peau en sécurité parce que très riche en mélanine. Il a d'ailleurs été constaté que la peau des Noirs particulièrement pourvue en mélanine, vieillissait moins vite que celle des Blancs.

Alors, ne bronzez pas racistes ! ■

CHEVEUX, NE ME QUITTEZ PAS

Lorsqu'on survole, d'une tribune ou d'un balcon, une assemblée de cadres studieux, on est songeur devant tant de têtes, certes bien faites et bien pleines, mais néanmoins veuves des boucles blondes ou brunes que maman peignait avec affection et fierté. Pourquoi cette désertification, et comment s'en défendre ? Un entretien avec Hélène Furterer, de l'Institut et des Laboratoires Clauderer, nous explique les causes, cerne les effets, et nous livre des conseils et des espoirs.

RPC : *Pourquoi les cheveux manquent-ils de volume, deviennent secs ou gras, termes, mous, cassants ? Pourquoi tant de pellicules, de cheveux dans le peigne ou sur la brosse ?*

H : Hommes et femmes nous avons un acquis héréditaire qui prédispose à certains troubles. Combiné à notre métabolisme, cet acquis constitue notre terrain prédisposé. Les problèmes capillaires ne peuvent être résolus durablement sans deux étapes préalables : la connaissance des causes profondes et la rééducation du métabolisme capillaire.

RPC : *C'est donc le terrain qui influence le cheveu ?*

H : Oui, tout se passe au niveau de la racine, source de vie. Chaque cheveu, qui vit 4 à 6 ans, meurt et tombe, a une racine qui s'enfonce dans le cuir chevelu au niveau du derme. Elle puise dans le sang les éléments de sa nutrition. Accolée à la racine se trouve la glande sébacée.
Lorsque l'état général est bon, le cheveu est bien nourri par sa racine, légèrement lubrifié par le sébum de la glande sébacée. Lorsque le terrain est déficient par un état général imparfait, les glandes sébacées ont des sécrétions surchargées de toxines bloquant les échanges entre racines et vaisseaux sanguins. Le sébum forme alors une gangue qui isole la racine.

RPC : *Que résulte-t-il de ce blocage ?*

H : La racine s'atrophie et n'est plus assez forte pour rejoindre les vaisseaux sanguins, et c'est le cercle vicieux qui commence. Le sébum, chargé de toxines, stagne et durcit autour de la racine, le cuir chevelu s'épaissit, perd sa souplesse, des pellicules se forment, apparaissent ou restent sous le cuir chevelu, créant des démangeaisons. Le cheveu montre alors des signes visibles de carence : séborrhée, alopécie, dévitalisation, etc.

RPC : *Vite un shampooing et une lotion !*

H : L'utilisation massive des shampooings et lotions est une fuite en avant. Ces produits n'ont pas le pouvoir de libérer les racines des toxines accumulées en amas graisseux et durci. Vous précipitez les asphyxies et votre problème empire.

Avant tout traitement, et affolement, je vous poserai moi quelques questions. Avez-vous tendance à la nervosité, aux insomnies, aux rhumes, aux migraines, à des problèmes de reins ou de foie ? Avez-vous pris dernièrement beaucoup de soleil ou d'antibiotiques ? Relevez-vous de maladie, comment vont les intestins, suivez-vous un régime, êtes-vous dans une période de vie difficile, de stress ? Et aussi, utilisez-vous des shampooings chimiques (qui décapent), des lotions alcoolisées (qui bloquent les glandes sébacées) ? Métabolisme, état général, je le répète, sont à connaître parfaitement.

RPC : *Et l'âge, joue-t-il un rôle ou non ?*

H : Que vous ayez 10, 30 ou 65 ans, il est toujours possible de rééduquer le système capillaire. L'âge virage de la puberté porte en germe presque toutes les carences du futur adulte ; l'âge critique diffère selon le sexe. Chez l'homme, la puberté, entrée dans la vie adulte, est une période délicate. Premiers signes d'alopécie, de calvitie avec dégarnissement des tempes et des angles frontaux, qualité différente du cheveu. Chez la femme, trois étapes sont délicates : la puberté, les grossesses et la ménopause, avec des chutes suivies de repousses de plus en plus faibles et clairsemées, cheveux de plus en plus fins. L'intoxication du cuir chevelu et l'âge s'associent en destruction.

"LE PETIT MERLAN"

RPC : *Comment savoir où en est notre chevelure ?*

H : Les réponses données à toutes les questions sur le rythme de vie, la nutrition, l'hérédité, la personnalité sont très éclairantes. A cela s'ajoute une analyse microscopique du système capillaire. Celle-ci révélera les carences du moment, les risques d'aggravation, et déterminera le traitement rééducatif adapté à chaque cas.

RPC : *Existe-t-il néanmoins quelques principes généraux ?*

H : Agir en synthèse sur le complexe cuir chevelu - racine - glande sébacée - cheveu afin de rétablir les échanges normaux et désintoxiquer le système capillaire : telle est notre méthode.

L'objectif est des cheveux sains sur un terrain sain, par l'oxygénisation et la nutrition des racines, par l'élimination des toxines, des bactéries. Croissance et repousse sont alors possibles. Notre méthode intègre cinq actions simultanées.

RPC : *Pouvez-vous les développer ?*

H : Après le diagnostic, une fiche check-up très personnalisée prescrit à chacun un traitement spécial. Les soins peuvent aisément se faire à domicile et prennent environ dix minutes, deux fois par semaine. Les cinq actions se résument à :

- dissoudre et drainer les graisses sous-jacentes pour empêcher l'engorgement de la racine.
- stimuler l'irrigation pour oxygéner le cuir chevelu.
- régénérer la racine en la stabilisant progressivement.
- tonifier le cuir chevelu pour lui redonner vitalité et souplesse.
- activer les échanges racines-vaisseaux sanguins, source de force des cheveux.

RPC : *Un dernier conseil ?*

H : Ne jamais couper les cheveux en quatre pour en avoir plus. ■

AVEC OU SANS PAILLE ?

Voici l'été et les gosiers qui se dessèchent. Vite un verre, de n'importe quoi ! Non, essayons de choisir, de nous désaltérer en alliant plaisir et respect de notre santé.

Boire est une nécessité physiologique. Notre organisme a besoin de 2 litres à 2 litres 1/2 (de boisson et des aliments) d'eau par jour pour se maintenir en état d'équilibre. Par temps chaud, cette dose doit être doublée, voire triplée, pour compenser les pertes dues à la transpiration. Ce phénomène de déshydratation est amplifié par un accroissement de notre activité physique, la majorité des vacanciers profitant de cette période pour s'adonner au sport.

VIVE L'EAU !

Seule l'eau est indispensable et étanche notre soif sans entraîner le moindre inconvénient. Elle n'apporte aucune surcharge calorique puisqu'un verre d'eau égale 0 calorie. On peut donc en boire à volonté. L'eau du robinet étant, de l'avis des diététiciennes et spécialistes de la nutrition, la meilleure. Vous la boirez de préférence fraîche, agrémentée de rondelles de citron ou d'orange. Servie avec un peu de jus de citron frais sur des cubes de glace, elle désaltère encore mieux. L'eau gazeuse avec son piquant, sera appréciée par certains.

GARE AU SUCRE !

Toutes les boissons, sodas, tonics, boissons fruitées, limonades, cocas... dites rafraîchissantes, et que nous consommons couramment, apportent des calories supplémentaires. Aussi agréable que soit leur goût, elles sont constituées de 20 % en moyenne de sucre, soit 400 à 600 calories par litre. Il n'est donc pas étonnant de voir des estivants qui, s'astreignant à un régime sévère, se plaindre de prendre du poids. Il leur suffit d'absorber 4 à 6 sodas ou tonics dans la journée pour déséquilibrer leur alimentation. Le sucre contenu dans ces boissons, dit à absorption rapide, apporte des calories vides et occasionne la formation de tissus graisseux. Au contraire, les sucres à absorption lente, contenus dans les aliments (féculents, pain, légumes...) sont assimilés par l'organisme sans lui nuire. Il en est de même pour les sirops de fruits dont vous ne devez pas laisser vos enfants abuser. Un litre de sirop concentré apporte environ 80 g de sucre et sert à préparer

8 à 10 litres de boisson. Un verre de sirop reconstitué contient environ la même dose de sucre et de calories qu'un verre de soda.

ALCOOL, DANGER !

La bière est souvent présentée comme une boisson anti-soif par excellence ; elle n'en contient pas moins 35 à 40 g de sucre/litre et 31 à 47 g d'alcool/litre, soit 400 à 500 calories/litre. Le cidre, est un peu plus riche en glucides (de 40 à 70 g/litre) et un peu moins en alcool (15 à 17 g). Donc, là encore, ne pas oublier la présence d'alcool. Les vins, le fait qu'ils soient rosés ou blancs, ne les rend pas anodins. Un litre de vin fournit de 80 à 100 g d'alcool pur. Enfin parlons des longs drinks (anis + eau, whisky + eau...) qui, même étendus d'eau contiennent un degré alcoolique très élevé ; un 1/2 verre de whisky complété d'eau correspond à 2 grands verres de vin à 10°. Quant aux cocktails (whisky + coca, gin + tonic...) ils additionnent les inconvénients de l'alcool à ceux du sucre.

DÉSALTÉREZ-MOI

Que reste-t-il à boire ? si vous n'exagérez pas, vous pouvez boire ce qu'il vous plaît. Pour étancher vos soifs d'été, rien ne vaut les jus de fruits naturels à base de fruits frais. En plus de leur pouvoir désaltérant, ils apportent de la vitamine C. C'est intéressant pour les enfants. Habituez-les à remplacer les sirops par des jus de fruits coupés d'eau fraîche. Servis avec des glaçons et une rondelle d'orange ou de citron, ils seront aussi agréables à l'œil qu'au palais. Pour les plus grands, pensez à l'heure de l'apéritif, aux cocktails de jus de fruits toujours appréciés. Les jus de légumes, eux aussi sont rafraîchissants. Ainsi que les bouillons de légumes froids un peu salés.

Sont également à recommander les infusions excellentes glacées. Verveine, menthe, mélisse... à déguster sans trop de sucre, bien entendu. Le thé glacé est une boisson tonique et désaltérante : aromatisé de quelques gouttes de jus de citron ou d'orange, de quelques feuilles de menthe fraîche, il sera d'autant plus agréable.

De même le café glacé allongé d'eau devient léger et se boit avec peu ou pas de sucre.

PETITES GORGÉES

Il vaut mieux fragmenter les prises de boissons que boire une grande quantité d'un seul coup. Au cours des repas, le volume de liquide ingurgité ne doit pas excéder un demi-litre de liquide au maximum. Ceci, afin de ne pas diluer exagérément le suc gastrique. Une pause désaltérante à 3 ou 4 reprises dans la journée est à prévoir.

En résumé, aucune boisson n'est en soi à déconseiller. L'essentiel est sa place dans notre ration alimentaire quotidienne. On peut boire de tout mais modérément. L'été, en période de grandes soifs, il s'agit de se désaltérer sans nuire à notre équilibre.

CHAUD OU FROID ?

On a souvent l'impression qu'une boisson glacée désaltère mieux. En réalité, il est préférable pour nos fonctions digestives de boire frais plutôt que glacé. Mais, si vous supportez le glacé sans ennui pour vos intestins, rien ne s'oppose à ce que vous en buviez... C'est question de goût. Ceci étant dit, dans les pays très ensoleillés les gens se désaltèrent avec des boissons chaudes, exemple le fameux thé à la menthe prisé Maghreb.

A la vôtre ! ■

DRINKS

Simple ou Double

Le Tennis a aussi ses cocktails. En voici une série avec au service gagnant LE SUFFREN, bar du Hilton International de Paris. Sportez-vous bien, avec modération.

CHAMPAGNE A LA VOLEE

Coup droit
Champagne, liqueur de Framboise

Revers
Champagne, Vodka et liqueur de Fraises des bois

Passing shot
Champagne, liqueur de Kiwi

Smash
Champagne, liqueur de Pêche

Lob
Champagne, Cognac, Sucre et Orange twist

LES BALLES DE MATCH

Roland Garros
Vodka, liqueur de Fraises des bois et jus d'Orange

Central
Gin, Curaçao bleu et jus de Pamplemousse

N° 1
Calvados, jus de Citron et sirop de Grenadine

Set
Rhum brun et cocktail de jus de fruits.

Et toujours avec modération. ■

LE BEAUJOLAIS

LA PREUVE PAR 9

Le petit beaujolais ordinaire et le beaujolais nouveau ne doivent pas nous faire oublier les neufs crus de beaujolais classés, certes plus chers mais de qualité supérieure.

Ces vins rouges peuvent se conserver jusqu'à cinq ans. Jeunes ils se dégustent à 10/12° et vieux à 12/14°. Ils accompagnent parfaitement les charcuteries, les viandes rouges grillées, les fromages de chèvre. Tous proviennent de la zone nord de l'appellation, de cépage gamay sur des sols granitiques.

Le Moulin-à-Vent est considéré comme l'aîné de cette famille. Jeune il est frais et fruité, plus tard des arômes floraux, de fruits rouges apparaissent. C'est un vin de longue garde, structuré, proche d'un bourgogne grâce au manganèse de son sol nourricier. Son nom fait référence au moulin tricentenaire veillant sur le vignoble.

Le Chénas. Son nom rappelle que jadis des chênes recouvraient les lieux. C'est le cousin germain du Moulin-à-Vent et comme lui il vieillit bien.

Le Juliénas conserve longtemps son fruité. Solide, d'un rouge profond il vieillit bien, mieux que l'empereur romain dont découle son nom.

Le Morgon se distingue par son absence d'arômes floraux. En revanche il est très fruité (abricot, framboise) avec, particularité, une dominante de kirsch, caractéristique provenant des "morgons", ces schistes désagrégés d'un « sol pourri » selon l'expression des vignerons. Corsé et généreux, il mérite de vieillir en cave plutôt que d'être bu jeune.

Le plus élégant, le plus fin est sans doute **le Fleurie**. Extrêmement fruité (cassis, pêche, ...) il est aussi le plus lourd des beaujolais.

Juste au-dessous des calcaires du Mâconnais, **le St Amour** est très gouleyant, léger, équilibré, frais. On le boira de préférence jeune.

Le Brouilly lui aussi est à boire jeune. Il est le plus méridional et le plus léger mais n'en est pas moins plein et vineux.

Rond, corsé, **le Côte-de-Brouilly** vieillit mieux que le Brouilly.

Et voilà **le Chiroubles** (mon préféré). Moins dur que le Morgon, gracieux comme le Fleurie. Velouté et très fruité, il sent bon la violette.

Neuf beaujolais à déguster et à consommer avec modération ! ■

LES CALISSONS

La légende veut que les calissons apparaissent au repas de noces du bon Roy René avec Jeanne, créés par le pâtissier de la cour, par amour pour sa nouvelle reine.

Aux heures sombres de la Grande Peste de 1630 qui ravagea la Provence, le calisson avait la réputation de protéger contre ce fléau.

C'est un confiseur suisse qui, séduit par cette friandise, fonda la première usine de calissons d'Aix.

Typiquement aixoise, cette confiserie est composée d'amandes blanchies finement broyées, mêlées à des fruits confits, notamment des melons, et à des sirops de fruits. La pâte, desséchée dans un pétrin, est découpée ensuite par des machines à la forme de losanges allongés aux angles attendris, puis recouverte de glace royale et passée au four. Alors le calisson est prêt à être savouré.

Chaque fabriquant a son secret et exclut tous produits chimiques, renforceurs de goût et conservateurs, exigence permettant d'obtenir l'appellation « Calisson d'Aix », marque déposée sur laquelle veille l'U.F.C.A., Union des Fabricants de Calissons d'Aix. Dans leur boîte fermée les calissons se gardent en saveur plusieurs mois. A l'air ils deviennent moins tendres sans se corrompre.

S'il ne protège pas de la peste, le calisson a la vertu d'être un excellent fortifiant naturel. En Provence, il est l'un des « Treize Desserts de Noël » et cette tradition à la fois chrétienne, symbolique et gourmande traverse sans faiblesse les ans et les générations.

Parmi les grands, celui de la Maison Parli séduira le palais des gourmands raffinés.

Confiserie Léonard Parli - 35 avenue Victor Hugo 13100 Aix-en Provence. ■

© 2025 ROGER-POL COTTEREAU
Édition : BoD - Books on Demand,
31 avenue Saint-Rémy, 57600 Forbach,
bod@bod.fr
Impression : Libri Plureos GmbH,
Friedensallee 273, 22763 Hamburg
(Allemagne)
ISBN : 978-2-3226-6260-9
Dépôt légal : Juin 2025